W0274197

Marin du Vendée

Arnaud Boissières
Avec la collaboration de David d'Equainville

Marin du Vendée

éditions du
ROCHER

Tous droits de traduction, d'adaptation
et de reproduction réservés pour tous pays.

© 2024, Groupe Elidia
Éditions du Rocher
28, rue Comte-Félix-Gastaldi – BP 521 – 98015 Monaco

www.editionsdurocher.fr

ISBN : 978-2-268-11082-0
EAN epub : 9782268111223

Première partie

Un rêve à défendre

Où tout commence

1989. C'est un jour de printemps comme je les aime. Il y a du thermique dans l'air. Les tamaris sont en fleurs et leurs effluves se mêlent aux notes puissantes du bassin d'Arcachon et de ses marées. Je rentre de Talence, à côté de Bordeaux. Le conseil de classe a scellé mon sort d'un « peut mieux faire avec du travail », m'accordant le bénéfice du doute, l'accès à une terminale où j'étudierai un mélange de mathématiques et de philosophie. Je suis un gamin heureux de vivre, content de sentir l'été arriver, avec ses promesses de navigations sur les eaux calmes de ce lieu que j'aime tant.

Au même instant, à Arcachon, Titouan Lamazou s'affaire à la préparation du monocoque Écureuil d'Aquitaine II, voilier de la classe des 60 pieds IMOCA ou International Monohull Open Class Association[1], un concentré d'innovation. Grand favori de la course, celui-ci est l'objet de mille attentions. Il prendra bientôt le départ des Sables-d'Olonne en même temps que douze autres voiliers, pour concourir au premier Vendée Globe Challenge, qu'il remportera.

Je ne connais rien à ce défi vendéen, sinon que tous les marins du Bassin ne parlent que de ces treize fous prêts

---

1. Il s'agit de l'association qui gère la classe de monocoques de 60 pieds *open*.

à prendre le large sans savoir s'ils seront capables de revenir vivants d'un tour du monde en solitaire et sans escale. Une première dans le genre. Et en effet, six concurrents seront contraints de faire une croix sur ce rêve de mer après abandon. Je me contente de rentrer chez moi, au bout de la rue Paul-Verlaine, sans me presser, savourant déjà les grandes vacances. J'ignore tout de ce qui m'attend en haut de l'escalier menant à ma chambre d'adolescent. De même que je suis loin de m'imaginer la place que prendra dans ma vie cette course, et toutes les autres qui suivront.

Un départ inattendu

Je suis en vue de la maison. L'été, à son apogée, asticote le bitume, qu'il cuira à point dès que le soleil sera au zénith. Les ombres sont réduites à leur plus fine expression. Il fait bizarrement chaud, à moins que ce soit moi qui peine plus que d'habitude. Depuis quelques jours, pour un gosse de 17 ans, je suis anormalement fatigué.

Dans l'escalier, le temps s'éternise. Je cale sur les mêmes marches que j'ai souvent montées et descendues à fond de train. J'insiste, je me violente, mais je n'avance pas vraiment. « Bordel, il est interminable, cet escalier ! » Encore un pas, encore une marche. Ça n'en finit plus. Ai-je trop forcé à l'école ? Difficile à croire. Ma mère s'inquiète, appelle le médecin.

La radio détecte une poche d'eau entre les poumons. La prescription d'examens complémentaires et leurs résultats révèlent une leucémie, un cancer des cellules du système immunitaire. Mortelle nouvelle que je ne comprends pas tout de suite. Ce sont les lymphocytes T qui déraillent. La poche d'eau n'était qu'un signal d'alarme.

À regarder la tête de mes parents, les lymphocytes T ne rigolent pas. C'est du sérieux. Les explications du médecin leur vident le sang du visage. Pour la récréation, il faudra que je patiente un peu, une bonne année et demie de traitement, avec chimiothérapie et tout un tralala qui vont vous mettre à terre, en même temps que la maladie, avant de vous guérir, si vous réussissez à lui survivre. « Dur, très dur », ont annoncé les spécialistes. La météo est mauvaise. Il y aura de sacrées bourrasques. Personne ne sait comment cela finira mais nous y croyons tous, moi le premier. Toute la famille devient courage.

Tandis que je découvre les horizons de l'hôpital et le dévouement de son personnel, la préparation du premier Vendée Globe, édition 1989-1990, se poursuit. L'esprit de la course m'accapare immédiatement. Une aventure à trois caps[1] dans une chambre pour deux prend forcément de la place. Malgré la maladie qui me tape sur l'épaule tous les jours, familière, pour être sûre que je ne l'oublie pas, je me passionne pour ce rêve extralarge, collectionnant les articles et visionnant tous les reportages. Mes parents m'encouragent. Ils auraient encouragé une collection de topinambours si j'en avais eu le goût, pourvu que le moral reste au « beau fixe ». Les IMOCA me fascinent. Leurs soixante pieds fuselés pour la vitesse me donnent des envies d'embarquement et les marins sur la ligne de départ me donnent de la force. Eux aussi risquent leur vie, encore ignorants de la tempête qu'ils affronteront plus tard dans le golfe de Gascogne.

Le départ approche.

---

1. Le cap de Bonne-Espérance, le cap Leeuwen et le cap Horn.

Le premier Vendée Globe

Les Sables-d'Olonne sont en effervescence. La ville s'est faite belle pour accueillir la foule des passionnés et les candidats au tour du monde en solitaire. L'émotion des premières fois anime le ponton. Il fait un temps gris et la mer est houleuse. Tout le monde s'en moque, le départ est imminent.

Je ne vais pas forcément mieux, mais suffisamment pour avoir la joie de prendre place en ce mois de novembre dans un bateau à passagers, de ceux qui accompagnent les premiers miles des voiliers au départ. Une idée de mes parents. L'escapade avait été peu recommandée par le personnel médical, mais devant l'importance de l'événement, si festif, il avait fini par s'incliner. Le *padre* était venu me chercher à l'hôpital. La fatigue ayant déclaré une pause, j'en avais profité pour filer. Sur le bateau, les lymphocytes T ont la délicatesse de se faire oublier.

J'en suis bien heureux.

Installé aux premières loges, j'observe les navires prêts à partir. Ils sont tous là, les marins qui inspireraient ma vie d'après. Aujourd'hui, je leur suis toujours fidèle. J'ai encore, accroché dans la maison d'Arcachon, le poster dédicacé par Titouan Lamazou.

Mon père tient fermement les deux places pour le bateau-suiveur du Vendée qui embarque cent passagers, cent aficionados. J'ai appris un jour avant l'appareillage des bateaux l'existence des places. Mon père ne voulait pas m'en parler, il craignait que je ne sois pas en état de prendre la mer pour accompagner les IMOCA. Il ne voulait pas que je sois déçu. L'irruption de la leucémie avait été un tel choc que toute la famille s'était mise à prendre mille précautions pour me soutenir, pour que je garde le moral envers et contre tout. À dix-sept ans, lorsqu'un cancer vous attrape le sang, la maladie met souvent le paquet pour vous mettre à terre, avec au moins autant d'énergie que vous en avez pour vous élancer dans la vie.

En théorie, je suis remis des journées d'hôpital à subir des chimiothérapies ultraviolentes, en pratique, je ne suis pas vraiment encore en forme, sauf d'un certain point de vue. Sur le bateau-suiveur, je suis plus alerte que les autres passagers qui vomissent par-dessus bord, ne supportant pas le roulis. J'ai la chance de faire partie de ceux qui n'ont pas le mal de mer et je ne vais pas m'en plaindre.

Sur l'eau, les bateaux s'élancent en prenant de la vitesse, en route vers le cap Finistère, la pointe espagnole. Je suis heureux d'être là, de me sentir vivant. L'important est d'y être, de faire partie de l'histoire. Cela me donne de l'énergie, de participer à cette aventure aux allures de provocation, une folie douce. Le courage des treize participants m'inspire. J'en ai sacrément besoin, de leur force de conviction. Ce n'est pas le tour du monde que je fais, c'est le tour de moi-même, et c'est déjà beaucoup. Je mets à l'épreuve ma résistance et mes limites, avec la même intensité que les marins du Vendée. Comme eux, ma vie est en jeu, et je veux la vivre.

Tiens, j'aperçois un IMOCA ! On dirait Pen Duick III. Il se prénomme Cacharel, pour participer à ce premier Vendée Globe. Mais je ne suis pas sûr, je ne distingue pas grand-chose à cause de la houle. Je sais que Jean-François Coste, l'ancien équipier d'Éric Tabarly, est à la barre. Le navire est magnifique, tout en noir. Pas évident à repérer sur fond de ciel gris. Pourtant, je connais tous les voiliers par cœur, leurs choix techniques, leurs innovations, les attentes de chacun des skippers, comme si je faisais partie de la bande, alors que je n'ai même pas essayé de mettre les pieds sur le ponton, réservé aux marins, comme aurait pu le faire un fan prêt à tout pour rencontrer ses idoles. Malade ou pas, ce n'est pas dans mon caractère.

En suivant les préparatifs de ma chambre d'hôpital, j'avais découvert que la course était née d'une conversation entre voileux, Philippe Jeantot, Titouan Lamazou et quelques autres. Le premier, à la fois organisateur et concurrent, finira quatrième. Le second, seulement candidat, finira premier. Je les avais imaginés s'échauffer autour de ce défi, la version augmentée du BOC Challenge, un tour du monde beaucoup plus prudent puisque ponctué de trois escales. « Trop sage ! » avaient dû s'emballer nos amis, assez aguerris pour imaginer de nouveaux paris. La course ultime serait forcément un tour du monde en solitaire, d'une seule traite et sans assistance, dans l'esprit des pionniers. Je n'avais aucune idée de la manière dont leur soirée avait pu se terminer. Sûrement bien. Mais je savais que leur idée de Vendée Globe avait réveillé les appétits d'exploits en mer et mis du baume au cœur au plus ronchon des marins. Moi aussi, je m'étais mis à rêver à cette course, tout de suite réputée infaisable avant même que le signal de départ ait été donné.

À bâbord, Pen Duick III est en train de prendre ses distances avec le bateau suiveur. Quelle beauté ! Impossible de ne pas reconnaître sa carène élancée, tout en aluminium, légère et robuste, une merveille amourachée de la mer. On dirait que la voilure envoûte le vent. Jean-François Coste est un artiste qui tenait son rang. Il sait qu'il ne peut pas gagner sur ce voilier, consacré bateau de l'année vingt-deux ans auparavant, en 1967. Il s'en moque, comme son sponsor, le patron de Cacharel, Jean Bousquet, bailleur de fonds pour la remise en état du navire. Tous deux connaissent la valeur de la formule « L'important est de participer. » Le public aussi, en venant acclamer comme un vainqueur le navigateur à son arrivée, saluera l'exploit d'être le septième et dernier à finir ce premier tour du monde sans escale et en solitaire. Les six candidats ayant dû abandonner le savaient bien, pour un Vendée Globe, la première des victoires est de réussir à finir.

Mais voici Écureuil d'Aquitaine II, le navire de Lamazou, le nouvel IMOCA qui a tant fait parler de lui dans le bassin d'Arcachon, quand il se préparait dans le chantier Capitaine Flint, là où je traînerai plus tard avec Yannick Bestaven[1], pour construire deux Mini 6.50, chacun le sien, baptisés Diabolo et Satanas. À la barre de ce voilier de rêve, fiable et polyvalent, toutes météos incluses, Titouan ne le sait pas encore, il va gagner. Je ne me doutais pas non plus, en le regardant évoluer, que je deviendrai à mon tour un marin du Vendée Globe.

Pour l'instant, je me contente de contempler avec mes yeux de gosse le rythme des mouvements du navire sur la

1. Le skipper Yannick Bestaven, vainqueur du Vendée Globe 2020-2021.

mer, fasciné par l'exploit qu'il s'apprête à accomplir. Les mauvais augures qui avaient jacassé avant le départ n'empêcheront pas Écureuil d'Aquitaine de franchir la ligne. Les talents de navigateur de Lamazou, gueule de poète, artiste et aventurier, ne sont pas une légende. Il suffit de suivre les manœuvres de son bateau pour s'en rendre compte.

Sa victoire va me lier profondément à cette course, me transmettant durablement la conviction que les frontières sont faites pour être repoussées, les limites dépassées, que rien n'est impossible à qui sait y mettre de la passion. Tout au long de ce tour du monde, cette année-là, tandis que je lutterai contre la maladie, affaibli par la chimiothérapie, je me sentirai devenir un homme de la mer. Moi aussi j'affronterai des tempêtes, je lutterai pour ne pas chavirer et je bataillerai pour survivre.

Avec le recul, en 1989-1980, depuis ma chambre d'hôpital, je crois que j'ai couru mon premier Vendée Globe.

Écureuil d'Aquitaine II

L'histoire ne s'arrête pas là.

Passés les premiers émois du départ, dans l'ambiance hospitalière d'où je suis les péripéties du voyage d'Écureuil d'Aquitaine II, les aventures du Jack Sparrow de la voile, Titouan Lamazou, prennent à mes yeux un sens particulier. Lamazou n'est pas encore ce marin à l'incroyable périple, ne serait-ce que pour son projet de « bateau-atelier » inspiré de la pirogue double polynésienne, conçu pour accueillir artistes et chercheurs, appelés à soutenir les écosystèmes en danger, mais il a déjà l'étoffe d'un grand pour le gamin que je suis. Il deviendra synonyme de bonne fortune.

Je distille les informations glanées sur son voyage en une potion pleine d'espoir. Je suis le passager clandestin de la course, embarqué en catimini, une perfusion en guise de bouée de sauvetage. Je me forge un caractère trempé dans l'expérience de la mer et de ses défis. Une main pour les rêves, une main pour moi-même. Et vogue la galère ! La maladie n'aura pas le dernier mot. Vingt kilos de perdus avec la chimiothérapie, une paille comparée à mon appétit. Je me suis promis de ne pas démériter. La mémoire d'Écureuil d'Aquitaine II sera honorée.

Il n'est pas rare de rencontrer, parmi les personnes sous l'emprise d'affections cancéreuses, le réflexe d'accoler un nom d'emprunt à leur maladie, un petit nom qui donne le sentiment de reprendre le contrôle. Êtes-vous atteint d'un carcinome ou d'un sarcome ? Qu'en est-il de votre néoplasie ? En une phrase ou d'un revers de vocabulaire, les médecins ont vite fait de vous éjecter des décisions à prendre, alors que vous êtes le premier concerné. Inutile de leur en vouloir, ce n'est pas intentionnel, juste la routine de l'hôpital, un monde à part.

Durant mon séjour, je lui ai substitué d'instinct celui d'Écureuil d'Aquitaine, traçant ainsi un cap, du bassin d'Arcachon aux Sables-d'Olonne, où je résiderai quelques années plus tard. Le plus bizarre est que le bateau a suivi la même trajectoire, à sa façon de voilier, avec des détours improbables. Revendu en 1991, il a changé de noms plusieurs fois, comme le veut l'usage, au gré de ses différents propriétaires, puis a disparu pendant presque vingt ans. À force de persévérance, Alexandre Treillard, un copain des Sables, amateur passionné de navigation, a réussi contre toute attente à le débusquer au Venezuela, en train de griller au soleil sur le terre-plein d'une marina. Il s'était mis en tête de retrouver le voilier coûte que coûte et de l'acquérir pour le restaurer entièrement, quille, coque, pont, mât, gréement, intérieur, extérieur, drisses, écoutes, aussières et tout l'accastillage : un ravalement de bout en bout. Après maints rebondissements, il a fini par remporter son extraordinaire pari, retrouver Écureuil d'Aquitaine II et le transborder en le préservant, du Venezuela à la Guadeloupe, puis en passant par Brest, à la voile et dans un cargo, jusqu'au chenal des Sables-d'Olonne, annoncé par vingt et un coups de canon tirés en son honneur. L'arrivée a eu lieu en compagnie de ses enfants et de Titouan Lamazou, venu spécialement célébrer la mémoire de ce navire d'anthologie, trente-trois ans après sa victoire de la première édition du Vendée Globe.

Aujourd'hui, le bateau, rebaptisé T One-One, est à l'abri dans le hangar d'un chantier naval, pas loin du chenal qu'il connaît bien. Il est toujours en cours de restauration, entouré de toute l'expertise d'une équipe éclectique de professionnels et de bénévoles. Alexandre y présente avec passion les pièces démontées comme des trésors dignes du musée de la Marine. C'est une restauration de restauration. À son âge, le bateau a toujours un bricolage en cours. Je suis aussi à son chevet. Dès que je le peux, je passe donner un coup de main. Toutes les aides sont utiles : un peu de matériel, un peu de carbone, un peu d'expertise. Nous restons tous fidèles aux rêves de Lamazou, image d'une humilité aussi constante que désespérante, tellement elle semble hors de portée. Mais nous nous accrochons. Autant Écureuil d'Aquitaine II nous a appris à ne jamais perdre espoir, autant T One-One nous offrira peut-être l'opportunité de partager avec le public un pan de l'histoire du Vendée Globe. Il nous donnera l'occasion de découvrir sur le ponton de l'édition 2024-2025 un des témoins originels qui inspira des générations de marins et les incita à tenter le tour du monde en solitaire et sans escale.

La boucle sera alors bouclée.

Bis repetita

Je suis enfin guéri de la leucémie, mais pas du Vendée Globe. Nous sommes quelques années plus tard. J'ai vingt ans quand je reviens sur le ponton du départ de la deuxième édition du Vendée Globe 1992-1993 de la course. Il y a à mes côtés mes potes d'Arcachon, Lulu[1] et Bain-Marie[2], deux complices avec lesquels je partageais les mêmes passions de jeunesse, le baby-foot, les régates et les filles. Nous apprenions sur First Class 8, le monotype des chantiers Bénéteau, sous l'aile d'aînés comme Franck Camas, qui nous mettaient le pied à l'étrier.

Lors du départ de The Transat CIC[3], l'ancienne transat anglaise, à Lorient, où il tenait le rôle de directeur technique et sportif de l'IMOCA Maître Coq, j'ai demandé à Bain-Marie s'il lui revenait une anecdote de nos jeunes années, quand j'étais petit. Il me répondit en rigolant que je l'étais

---

1. Jean-Charles Luro, ami de toujours, présent à la construction de son 6.50 pour la Mini-Transat et inventeur du surnom d'Arnaud inspiré de Calimero, Cali.

2. Jean-Marie Dauris, qui rejoindra l'équipe olympique française de voile pour les JO de Sydney, en 2000, participera à trois coupes de l'America.

3. Fondée en 1960, première course océanique en solitaire sur une route nord, de Lorient à New York, à la rencontre de vents dominants et de systèmes dépressionnaires. Édition 2024.

toujours, petit, et qu'il avait trop de bons souvenirs de nos quatre cents coups pour ne raconter qu'une seule histoire. J'insistais en lui demandant de faire un effort : pour le livre que j'étais en train de préparer, je n'allais pas seulement raconter que mes témoins de mariage, lui, Lulu et Yannick, s'étaient pointés à la cérémonie en costume aux motifs de pélicans roses sur fond de cocotiers et de ciel bleu.

Alors il demanda : « Te souviens-tu de la voiture de Lulu et de la virée aux Sables-d'Olonne ? » Comme il y avait eu beaucoup de virées et qu'elles avaient un peu tendance à se confondre les unes avec les autres, Bain-Marie me rafraîchit la mémoire.

Nous étions partis au petit matin rejoindre aux Sables-d'Olonne les IMOCA, dont seulement la moitié d'entre eux réussirait à finir la course, remportée par Alain Gautier, un skipper de Lorient. La veille du départ, nous avions arpenté les pontons, rendu visite à tous les skippers. Assis en face des bateaux, nous avions rêvé à voix haute de notre moment qui viendrait. Toute la soirée nous avions parlé de tour du monde. Le lendemain, Lulu et Bain-Marie m'avaient réveillé à l'arrière de la voiture où nous avions dormi tant bien que mal, faute d'argent pour payer une chambre d'hôtel. Je m'étais enroulé dans une banderole de la course, empruntée au cours de notre navigation nocturne, un doudou Vendée Globe.

Charter & Cie

Je commence ma carrière de marin professionnel en faisant ce qu'on appelle du charter[1] sur un catamaran de croisière. Le projet est d'économiser et d'acquérir un 6,50[2], que j'achèterai lors d'une escale aux Canaries, en 1997. J'envisage de m'inscrire pour une Mini-Transat – que je courrais pour la première fois en 1999, puis en 2001 pour la seconde –, que certains considèrent comme le baccalauréat des skippers et des professionnels de la voile. Hasard ou non, tous les membres actuels de l'équipe de La Mie Câline en ont couru une. Et, sur les pontons des IMOCA, il y a plus d'anciens coureurs de Mini que de touristes. De là à dire qu'une Mini-Transat est l'équivalent d'un diplôme pour les voileux, il y a un pas que je ne franchirai pas, en tous les cas, pas tout de suite. Pourtant, c'est une vraie propédeutique !

Je reste un an et demi skipper de charter, comme les appellent avec un peu de dédain les locaux aux Antilles, pour désigner un marin chargé par un propriétaire de barrer son bateau. Peut-être qu'ils en ont trop vu succomber à la

---

1. Cf. *Je ne suis pas un marin.*

2. La Mini Transat ou Transat 6.50 fait référence à un voilier de 6,50 m qui permet de courir une transatlantique en solitaire et sans assistance.

« tropicalisation », guettant les âmes sensibles, aux charmes du ti-punch et à la langueur des climats chauds, et qu'ils se sont agacés de ce gâchis. Connaissant mon goût pour ce breuvage, j'ai dû sûrement y échapper de justesse. Ce qui hélas n'est pas le cas de mon remplaçant à la barre du catamaran. Après mon départ, j'ai appris qu'il avait échoué le bateau sur un caillou et réussi à le réparer tant bien que mal, un peu gêné de s'être bêtement fait piéger par la routine – ou la tropicalisation. Lorsque vous devenez un fonctionnaire de la voile, les navigations plan-plan peuvent finir par vous faire oublier toute prudence. En mer, assouplir ou assoupir sa vigilance se paye comptant.

Durant mon temps de charter, je vis sur le navire, dépensant peu, payant le quotidien avec l'argent des pourboires des clients que je balade en mer. Je mets de côté mon salaire. Je sens que j'ai fait le tour du métier. J'aspire à un autre genre de croisière. J'ai alors la chance de croiser la route du *boat captain* de l'IMOCA d'Yves Parlier, Romaric Neyhousser, dit « l'élégant », un ingénieur spécialisé dans la mécanique des fluides qui deviendra architecte naval au sein du cabinet de Guillaume Verdier. Il dessinera les foils que j'utilise aujourd'hui. Nous sommes une petite bande à nous connaître car nous naviguons sur First Class 8[3]. Il sait que je vise la Mini-Transat et me propose de rejoindre l'équipage chargé du convoyage retour d'Aquitaine Innovations, qui venait de courir et de gagner la Route de l'Or, une course entre New York et San Francisco, en passant par le cap Horn dont c'est, en cette année 1998, la première édition.

3. Monotype de 7,85 mètres de longueur, destiné aux régates.

J'accepte, prends un billet pour Miami et mets fin à mes activités de charter.

C'est ma première fois aux États-Unis. J'ai rallié la Floride par avion et je dois attendre à Fort Lauderdale l'arrivée du bateau, qui fait escale pour changer d'équipage avant le convoyage jusqu'à Arcachon, avec trois autres lascars motivés.

« Allô papa, maman, je suis en Floride, à Fort Lauderdale, je rentre bientôt par la mer. J'attends le bateau d'Yves Parlier. » Silence inquiet à l'autre bout du fil à l'annonce de cette quatrième transatlantique. Certes, j'ai déjà fait trois traversées, mais pas sur un bateau de cette envergure. Sans transition, je passe de skipper pépère sur mer calme à apprenti compétiteur sur le plus innovant des navires, dans des conditions de mer compliquées. D'un travail rémunéré à du bénévolat de compétition. Naturellement anxieux pour mon avenir, mes parents ne sont pas les plus ravis.

Aquitaine Innovations était un IMOCA qui avait couru le Vendée Globe 1996-1997, piloté par le Géo Trouvetou de la course au large, Yves Parlier. La casse d'un safran l'avait obligé à abandonner la course, mais pas le tour du monde, qu'il avait terminé hors compétition. J'ai hâte de sentir les effets de la propulsion du premier mât-aile jamais installé sur un 60 pieds. Pour un gamin comme moi, c'est une aubaine de me retrouver à bord de ce navire, que les Bretons regardent un peu agacés par ses performances auxquelles ils n'avaient pas encore accès. Il est plus léger, plus large, sans quille pendulaire, autant de choix techniques originaux qui ont fini par payer, au moins pour cette Route de l'Or.

À l'époque, le parcours d'Yves Parlier, passionné de matériaux composites et d'ingénierie navale, est déjà habité par le goût de l'expérimentation et des aventures maritimes nées de ses lectures d'enfant. Tous les marins se souviennent de la Solitaire du Figaro de 1991, qu'il avait effectuée en prenant une option de navigation aussi iconoclaste que novatrice, très à l'ouest. « Quand j'étais gamin, racontait-il au milieu des vagues et des déferlantes des mers du Sud sur Aquitaine Innovations, j'en ai rêvé de ces tempêtes dans l'océan, quand je serai vieux, j'en rêverai[4]. »

Ce sera sur le même bateau, Aquitaine Innovations, qu'il retentera la même course, l'édition du Vendée Globe 2000-2001, au cours de laquelle il démâtera et effectuera seul une réparation avec un four artisanal de cuisson du carbone. Il ralliera les Sables-d'Olonne après 126 jours, 23 heures et 16 minutes de course, finissant à la 13e place. Un extraterrestre. Pas étonnant qu'il soit aujourd'hui aux manettes de Seak-tine, un catamaran autonome en énergie, doté de panneaux solaires et de deux turbines hydrogénératrices, destiné à être tracté par une aile de kite. Sa dernière innovation.

---

4. Extrait du film *Parlier, la soif de vaincre*, d'Hervé Corbières.

Mini un jour, Mini toujours

Reine des courses initiatiques, la Mini-Transat’ tous les deux ans, les années impaires, focalise l’attention de tous les navigateurs en herbe. Amateurs, professionnels : il y a ceux qui ont couru la Mini et les autres. Ce n’est pas un passage obligé, d’autres voies existent pour prendre sa place sur la ligne de départ des grandes courses au large, mais avoir fait une Mini donne une compréhension, un vécu riche d’enseignements, de la réelle nature de ces challenges. En faisant l’expérience d’embarquer sur un voilier de 6,50 m pour traverser l’Atlantique en solitaire, sans aucun moyen de communication ni assistance extérieure, vous touchez aux fondamentaux de la voile : qu’êtes-vous prêt à risquer pour aller au bout de vos rêves et de vous-même ? Se lancer le défi d’une Mini oblige à trouver des réponses, la force mentale de faire face à n’importe quel problème, technique, météorologique. L’humilité de devoir parfois renoncer contre son gré à trouver des solutions fait aussi partie de l’équation.

Courir une Mini-Transat est un engrenage. Mettez le petit doigt dedans et vous voilà en train de réfléchir quasi malgré vous aux moyens de vous inscrire à la course la plus magnifique de simplicité. La Mini est un processus d’apprentissage, une école de sobriété, le signal envoyé à tous les marins qu'ils sont les bienvenus, que la course au large est une affaire d'humanité et de bateaux, et non pas de gros sous ou de sponsors, dans l'esprit voulu par son fondateur, le journaliste et navigateur, Bob Salmon.

Vingt ans après la première édition[1], en 1997, je me lance dans l'aventure en achetant un Mini. Je me suis laissé deux ans de préparation et d'entraînement avant le départ de la course en 1999. Mon pote Yannick Bestaven est également de la partie. Lui aussi a acquis une coque finie à assembler. Et c'est ensemble, sur le même chantier, que nous avons bricolé nos bateaux pour ce premier rendez-vous en solitaire.

Le plus important est de naviguer, d'engranger de l'expérience. On nous aurait proposé de partir sur un radeau avec un mât, nous aurions accepté. En attendant la fin des travaux sur les Minis, que nous suivons au jour le jour, nous restons à l'affût et nous nous entraînons sur un First Class 8, multipliant les petites navigations. Puis vint l'Estival Mini 98, une transat double entre Dieppe et les Sables-d'Olonne, que je pus courir en compagnie de Romaric, finissant à la deuxième place.

Suis-je prêt pour une solitaire ?

Je ne peux pas dire que je le suis vraiment, seulement, je crois l'être, sincèrement. Ce qui est prêt, chez moi, c'était la motivation. Le reste, confié aux bons soins de la Providence, n'a qu'à bien se tenir. En fait, je n'imagine pas le moins du monde ce qui m'attend. La part d'imprévu est aussi considérable que mon ignorance en matière de Mini mais je travaille dur pour essayer de la réduire, parfois, à contre-emploi. Au cours d'un entraînement, je m'étais

1. La première Mini-Transat eut lieu en 1977.

permis un nouveau réglage du mât avec des cales en bois, ce qui n'était guère judicieux – en mer, le bois gonfle et les cales déformées peuvent fragiliser le mât. Je n'y avais pas pensé, trop occupé à réparer le safran cassé. C'est important aussi, un gouvernail qui marche…

Le jour J, à Concarneau, tous les bateaux de la Mini de 1999 sont là, attendant leur heure. La météo a la mine des mauvais jours, et les prévisions annoncent le pire. Du vent est prévu, beaucoup de vent. L'ambiance est électrique. Quelques bateaux ont été interdits de course pour des raisons de sécurité par les organisateurs mais l'ensemble des skippers n'est pas d'accord. Il y en a un qui a grimpé en haut du mât de son Mini, en précisant qu'il ne redescendrait qu'une fois que lui serait délivrée une autorisation officielle de courir. Une pétition a été lancée pour protester contre ces interdictions de lever l'ancre. Tout le monde partirait ou personne. Pas de discrimination entre les concurrents. Tandis que la tempête s'installe, chacun signe la pétition et le document de dérogation dédouanant l'organisation de toute responsabilité.

Départ ou pas ?

Une majorité vote le départ.

La course est lancée.

Mini-Transat 99

Première fois en solitaire. Je suis heureux, ému. Le départ a enfin été donné après moult atermoiements. Au XXe siècle, cela ne se faisait pas – ou peu – de différer la date d'un appareillage prévu de longue date, même lorsque, comme ce jour-là, des tempêtes s'invitaient à la fête. Après un vote à la majorité des skippers, nous partons affronter le déluge, filant dans le golfe de Gascogne en faisant le dos rond. Certains ont pris l'option de s'abriter pour mieux repartir. Au classement, sur la première partie du parcours, je suis à la cinquième place au moment où le vent renverse la situation en abattant le mât, cassé net sous les efforts que je lui fais subir. Quel âne ! Trop de confiance… Vivre la course à fond, tout donner sans attendre le bon moment, ne paye pas. Je dois faire demi-tour sous gréement de fortune.

J'en pleure tellement je suis déçu.

Sur le bateau, je rumine mes erreurs, obligé à me remettre en question. J'ai tant préparé, peut-être trop. J'ai forcément fait des bourdes, mais je ne vois pas encore lesquelles. Je ne sais plus quoi faire. Jamais La Rochelle ne me parut ville plus sinistre, alors que j'adore son port et ses murs antédiluviens, l'ambiance de mer qui y règne toute l'année.

Alertée par la bérézina en cours, une bande de copains d'Arcachon fait le déplacement en voiture pour me soutenir. Il y a Frankie, Ludo et Hervé, *alias* « la Frisouille ». Il n'est pas question pour eux que j'abandonne. J'ai préparé la course pendant deux ans, cela ne peut pas se terminer de cette façon. Leur solidarité est à la manœuvre. Ils décrètent la mobilisation générale. Une course contre la montre s'engage.

Nouveau chantier express. Nouvel exploit technique.

Quelques jours fébriles plus tard, je peux enfin partir, direction les Canaries. Là-bas, la deuxième étape m'attendrait peut-être, si j'arrive à l'heure. Je fais au mieux, mais je suis très en retard et bon dernier, très fatigué aussi, au bout de ma vie, comme disent les jeunes. Je m'en moque. Je me reposerai plus tard. Les autres concurrents ont appris mes déboires et décident de surseoir à leur départ, pour que je puisse poursuivre avec eux la Mini-Transat. Encore une fois, la solidarité des gens de la mer a opéré un retournement de situation spectaculaire.

Je suis au départ de la deuxième étape.

À la fin de ma première Mini-Transat en 1999, je termine à la 25e place, dans la catégorie prototype. Deux ans plus tard, j'arrive troisième, preuve que la persévérance paye parfois, mais pas toujours, restons modeste.

Diabolo et Satanas

Baptiser un navire, surnommer un ami, désigner d'un sobriquet un concurrent, sont des activités naturelles aux gens de la mer. Nous sommes si attachés à nos bateaux, nous leur prodiguons tant de soins, que les noms utilisés pour les désigner, eux et tous ceux travaillant à les faire naviguer, sont très souvent chargés de significations. Mon père avait baptisé son monocoque l'Aoudèt – oiseau en gascon – alors que nous habitions à Arcachon, allée des Cormorans. Il va sans dire que ce lien de hasard avec les volatiles ne s'est pas contenté d'une seule occurrence et a très vite repris avec les années de la plume de la bête. Connaissez-vous le nom du 6.50 au départ de ma première Mini-Transat dont je viens de vous raconter les péripéties ? Ne cherchez pas plus loin que celui d'un nouvel oiseau, un pélican, de la famille des *Pelecanidae,* du nom du totem attribué au précédent propriétaire lors de son initiation d'éclaireur, des scouts laïques qu'il avait rejoints pendant son enfance.

La course suivante, la Mini-Transat de 2001, préparée avec Yannick, deux drôles d'oiseaux en avion, antihéros d'un film d'animation, nous font de l'œil. C'est la femme de Yannick qui nous a proposé ces personnages[1] de dessin animé, Diabolo et Satanas, les chefs d'une escadrille infernale poursuivant un pigeon voyageur, Zéphyrin. Nous cherchions à donner du caractère à notre projet et nos réunions pour réfléchir aux meilleurs moyens de le mener n'en finissaient pas. Peut-être qu'Isabelle en a eu assez de nous voir boire des cafés toute la journée en tournant en rond sans jamais rien arrêter. Notre idée était de baptiser les deux 6.50 de noms rigolos évoquant le tandem que nous formions, façon Boule et Bill. Après tirage au sort, je fus bombardé Diabolo, fidèle chien du patron, et Yannick devint Satanas, chef vénéré. Je ne suis plus un oiseau, mais je suis encore dans les airs.

Quelques années plus tard, Diabolo prendra du grade en devenant le monotype Diabolo II, à l'occasion des solitaires du Figaro[2]. Un diminutif repris à la naissance de mon fils, Léo, né un mois avant le départ du Vendée de l'édition 2016-2017, auquel j'associai mon enfant pour baptiser à nouveau le bateau, Diabo-Léo. En 2021, après le rachat de l'IMOCA Initiatives-cœur à Samantha Davies, je conserverai la racine du précédent patronyme en y rajoutant un autre prénom, Vanille : Diabo-Léo-Vanille, en hommage au petit garçon que nous avons perdu avec Marie, ma femme. Je voulais que cet enfant mort-né soit toujours avec nous à bord, à pleurer, à rigoler, à nous aider à mieux vivre son absence.

Les noms et les surnoms ont parfois des connotations ambiguës, qui peuvent être douces-amères selon le souvenir ou la référence qu'ils convoquent. Jamais ils ne sont neutres.

1. *Satanas et Diabolo, Dastardly and Muttley in their Flying Machines,* animation créée en 1969 par William Hanna et Joseph Barbera.

2. Chaque année, sur monotype, de 2002 à 2005.

Ils sont comme les couleurs, ils ne se discutent pas, ils se vivent. Yannick Bestaven ne discute pas le fait que je l'appelle *Yaya*. De même, Samantha ne fait pas la sourde oreille au fait que son prénom passe la plupart du temps de trois à une syllabe, Sam. Pour ses amis, Sam n'est pas celle qui reste sobre pour ramener les autres, elle n'est pas celle qui fait le Sam, elle est celle qui rayonne et fait du bien à la voile. Une sacrée concurrente.

Les surnoms naissent des circonstances. Leur raison d'être peut s'appuyer sur une impression ou une anecdote. Le premier skipper japonais à avoir couru (en 2016-2017) et terminé (en 2020-2021) un Vendée Globe, Kōjirō Shiraishi, est appelé Koji, par simplicité et parce que personne ne parle le japonais. Alex Thomson est devenu Terminator après avoir successivement enchaîné en costume de *Men in Black* une marche sur la quille de son bateau (Keel Walk), lancé à pleine vitesse et gîté au maximum, puis sur son mât (Mast Walk), avant de réussir à s'envoler en rejoignant en kite son voilier (Sky Walk). Des performances à rajouter à son impressionnant palmarès de Terminator.

Personnellement, mon surnom est Cali, encore inspiré par un volatile, décidément… « C'est vraiment trop injuste. » Quant aux raisons pour lesquelles je suis pris pour un poussin avec une coquille d'œuf sur la tête, un Calimero, c'est une autre histoire. Je vous la raconterai plus tard[3].

3. Cf. *Calimero*.

Geronimo

Tout le savoir-faire d'Olivier de Kersauson est dans ce bateau au nom du célèbre chef apache, construit d'après son expérience d'une année en compagnie d'un voilier construit par Multiplast, pour remporter le Trophée Jules Verne, le tour du monde le plus rapide en équipage, sans escale et sans assistance. Trente-quatre mètres de long et trente-deux de large, tout en carbone et nid d'abeille, une hauteur de mât visant les cimes à quarante-deux mètres, des mensurations de géant, le plus grand trimaran de course au monde du moment, pour un sillage à la hauteur de l'imaginaire du mythique écrivain et du trophée portant son nom. Avant même qu'il ne réussisse à relever le défi qu'il s'était imposé, remporter le Trophée Jules Verne, Geronimo impressionne déjà. L'amiral, comme Philippe Bouvard aime interpeller Olivier de Kersauson dans *Les Grosses têtes*, après avoir battu dans des conditions extrêmes le record du tour du monde qu'il visait, n'oubliera pas de lui rendre hommage à son retour : « Quand on voit les coups qu'on a pris, le bateau est bien, il nous rend l'amour qu'on lui porte, il ne nous a pas trahis, il a du talent. Je ne m'explique pas comment il a tenu! Une fois la ligne franchie, j'ai vu les hommes l'embrasser[1]. »

Je rencontre Kersauson après avoir couru ma première Mini-Transat. Un de ses équipiers sur Geronimo, croisé pendant la course et avec lequel j'avais sympathisé, Marc Le Fur, m'a mis en relation avec Kersau, comme les gens de la mer ont l'habitude de l'appeler. Il a parlé de moi au navigateur, me pistonnant en quelque sorte. Des tests étaient en cours pour constituer un équipage au supertrimaran et j'ai envoyé un curriculum vitæ à son lieutenant, Didier Ragot, comme on postule à un emploi classique. Rendez-vous a été pris pour un entretien d'embauche dans le restaurant-QG de Kersauson, *Le Tour du monde*.

En bas de l'escalier, dans le hall du restaurant, un peu en avance, mais arrivé en même temps que le maître des lieux, tandis que j'allais me présenter, je l'entends m'apostropher de son inimitable ton : « On verra ça tout à l'heure, ce n'est pas dans l'escalier que l'on va en parler. » Je me sens vraiment dans la peau du jeune gars qui n'a peut-être rien à perdre – je suis en train de construire avec Yannick mon deuxième Mini, il y a beaucoup de projets au planning de cette année du deuxième millénaire –, mais qui ne peux s'empêcher d'être impressionné par le palmarès du bonhomme. J'ai de la chance de croiser la route d'un personnage aussi hors normes.

— Est-ce que tu sais godiller[2] ? me demande-t-il en rigolant à la lecture de ma date de naissance, la même que la sienne, excepté l'année.

1. Olivier de Kersauson remporte le Trophée Jules Verne en 2004, après un tour du monde en 63 jours de mer, 13 heures, 59 minutes et 46 secondes, record battu d'une demi-journée.

2. Faire des huit dans l'eau avec une rame pour faire avancer son bateau.

— Non, dis-je, je n'ai jamais godillé.

— As-tu déjà navigué sur un trimaran ?

— Non plus, en revanche j'ai convoyé le catamaran hydroplaneur d'Yves Parlier.

— Je te parle d'un vrai trimaran. D'où viens-tu ?

— D'Arcachon.

Je vois Kersauson et Didier Ragot pouffer.

— Tu ne sais pas godiller, tu n'as jamais fait de trimaran, tu viens d'Arcachon, tu n'es pas breton et tu te pointes ici, tranquille, en espérant que l'on va te prendre ? réplique Kersauson, hilare.

— Je ne sais pas, en tous les cas je suis motivé pour apprendre.

En quittant Brest, je suis certain de m'être gentiment fait saquer, que ça ne marchera pas. Quelques jours plus tard, Kersauson me téléphone pour me proposer d'embarquer : « On lève l'ancre demain, si tu peux être là, on va voir ce que l'on peut faire de toi. » Le matin suivant, je monte à bord de Sport-Elec comme équipier *pro tempore*, c'est-à-dire pour un temps limité.

L'Amiral est un bloc de franchise attachant. Naviguer avec lui laisse plus que des souvenirs. Je me sens privilégié. Son image publique d'amuseur est aux antipodes du marin déterminé qu'il est. C'est avec lui que j'ai découvert l'importance de la rigueur avec ses équipiers, surtout en manœuvrant des engins de cette taille. Nous sommes une petite dizaine sur le trimaran. Non sans raison, il parle durement. Le départ est à huit heures, la recrue qui arrive à huit heures dix rejoint le bord pour son essai dans un des zodiacs qui aident à la manœuvre, pour la première et la dernière fois. Recalée. Ses propos ne sont jamais injustes ni gratuits. Mais lorsque la navigation le permet et qu'il se lance dans ses histoires avec Tabarly et Colas, c'est incroyable. L'impression d'écouter un livre parler. Il est impressionnant.

J'enchaîne les petites navigations, trois à quatre jours, répondant présent à chacune de ses invitations, tout en préparant ma deuxième Mini-Transat. Je suis heureux, je m'exerce sur un bateau de rêve. Si quelqu'un demande à Kersauson, au moment de la sortie de la rade, où nous allons, il répond que l'important est de s'entraîner, pas de se préoccuper de la destination. Il a une façon bien à lui de s'investir dans les projets. Ultérieurement, en 2005, après deux mois sur Geronimo, pour participer à l'Oryx Quest, un tour du monde au départ et à l'arrivée de Doha, au Qatar, il me proposera de rejoindre à nouveau son équipage pour courir également le tour d'Australie en multicoques. Je ne suis pas disponible et je décline sa proposition, en regrettant un peu de ne pas poursuivre. Lors de la course de l'Oryx, perdue cette même année 2005 à cause du temps passé à la réparation du bras tribord cassé, Kersauson avait écrit dans son journal de bord des mots qui m'avaient touché : « Courir peut sembler aujourd'hui dérisoire quand les premiers possèdent 3 000 miles d'avance. J'ai la faiblesse de croire qu'il n'est jamais dérisoire de s'appliquer. Comme d'aller au bout de ses idées. [...] L'équipage, qui n'est dupe de rien, sait bien qu'il n'y a plus de carottes. Pourtant, il fait son métier avec tellement d'amour pour ce bateau que j'en viens à me demander si un bon équipage n'est pas celui qui court sans carotte[3]. »

J'en suis persuadé.

3. Olivier de Kersauson, « Aujourd'hui, nous voilà en mer pleins de chagrin », *Libération*, le 28 février 2005.

Solune

Naviguer sur ce bateau est pour moi un plaisir. J'y expérimente mes premières armes de skipper sur un 60 pieds. Solune est une antichambre de la classe IMOCA et de mon projet de courir la reine des courses, le Vendée Globe. Dessiné par l'architecte Axel de Beaufort, ce navire de plus de dix-huit mètres de long a été élu bateau de l'année en 2004 après avoir été mis à l'eau en 2003. Tenir sa barre en 2005 est un privilège que je dois à César Dohy, rencontré sur Geronimo. En plus de l'expérience avec Kersauson, nous avons convoyé un bateau et participé à un Tour d'Irlande avec Jean-Philippe Chomette, le propriétaire de Solune, avant qu'il ne soit revendu et rebaptisé Cityjet.

César assurait entre autres le skippage de Solune, mais il souhaitait passer la main pour se consacrer à sa passion, le dessin de voiles. Il cherchait un remplaçant. Ma candidature est présentée au propriétaire. En concurrence avec deux autres marins, je suis choisi. Afin d'être sûr de ne pas manquer l'occasion, j'ai demandé une rémunération des plus raisonnables, à la condition que je puisse faire des courses avec le bateau. Ce qui compte pour moi est de naviguer, d'acquérir des compétences.

Ma motivation a plu au propriétaire de Solune, qui est le nom d'un personnage inventé par l'écrivain Alejandro Jodorowsky. Fils adoptif d'un chasseur de primes, le Méta-Baron, tous deux sont les protagonistes d'une saga de science-fiction en bande dessinée, *L'Incal*[1], où tout le monde court après une pyramide blanche aux pouvoirs incroyables dont Solune est le messager. À l'avant du bateau, le dessin d'un poisson-lune dessiné sur la coque, seul organisme vivant à croître sans discontinuer, donne un indice quant au contenu du message voulu par Jean-Philippe Chomette, grand amateur de bande dessinée : la passion de la mer est une passion qui ne cesse jamais de grandir.

Skipper de Solune, je ne dispose pas d'un budget suffisant pour n'embaucher que des professionnels. J'apprends à recruter un équipage avec les moyens du bord : des professionnels, des semi-professionnels et des amateurs, des amis marins heureux de faire équipage entre deux navigations. Il faut gérer les fournisseurs et préparer la saison des courses. Nous allons participer à beaucoup de régates, presque une tous les quinze jours, et ça demande de l'organisation. Très vite, je me transforme en skipper-chef-de-projet. C'est un tour de chauffe de ce qui m'attend lors de la préparation du Vendée Globe, à suivre quelques années plus tard.

C'est une année intense.

En 2005, nous battons le record du Tour d'Irlande et gagnons la Route de l'Équateur en 50 pieds *open*, de Marseille à Brazzaville, malgré une avarie à Gibraltar, la casse

1. Alejandro Jodorowsky & Moebius, *L'Incal*, tome 1 réédité en 2003 par Les Humanoïdes associés.

d'une barre de flèche, bricolée tant bien que mal pour finir vainqueur. Pour une première édition d'une nouvelle course, nous ne sommes pas peu fiers. Avec ses voiles fines, Solune a tenu ses promesses.

La carte

Elle m'a été donnée avant que je prenne la mer pour courir mon premier Vendée Globe, en 2008. C'est une carte des mers du Sud ayant auparavant appartenu au navigateur basque, Didier Munduteguy, qui l'avait transmise, après deux Vendée Globe consécutifs[1], à Benoît Parnaudeau, un autre ancien du Vendée, inscrit à l'édition 2004-2005.

Un soir, aux Sables, après une journée passée à préparer le bateau, j'ai besoin de prendre la route pour La Rochelle. Il faut absolument que je parle à Benoît Parnaudeau. Pour toute la bande de copains que nous sommes, Karen Lebovici, Yannick Bestaven et les autres, Benoît est l'ami qui nous a montré la voie des grandes courses au large. Il a couru un seul Vendée, arrivant à la dixième place, mais nous a démontré que rien n'est inaccessible si nous y mettons toute notre énergie. À cette époque, comme un gamin qui s'emballe pour ce qu'il ne connaît pas, je rêve d'un Vendée rugissant, assuré de devoir batailler dans une mer en furie, avec passage à tabac durant le cap Horn et morceaux de bravoure à raconter au coin du feu à mon retour. C'est tout juste si je ne me prends pas pour le capitaine Achab, certain de croiser

1. 1996-1997, 2000-2001.

la route de Moby Dick, la teigneuse baleine blanche du roman de Melville. Je rêve de haute mer au son des trompettes et de la folie des grandeurs tout en trouvant que, à force de ressasser mes bruyantes aventures imaginaires, j'ai surtout besoin d'entendre le témoignage d'un vrai marin du Vendée, d'amerrir en quelque sorte.

Benoît me reçoit avec son habituelle bonhomie joyeuse. Il n'a pas encore embarqué[2] sa petite famille, sa femme, Anne-Mai Do Chi, et Isis et Miles, ses enfants, pour un tour du monde à la voile, ni amarré son Class 40 à Tahiti, où il vit toujours, occupé par les réparations de bateaux de la marina et les innovations de gréement. Il m'accueille simplement, sans montrer la moindre surprise. Il se doute un peu, je l'ai vu dans son œil amusé que, ce soir-là, il a ouvert la porte au capitaine Achab. Il a dû lui aussi connaître ces états de fébrilité, d'excitation intense à l'idée d'être en train de réaliser un pareil rêve, la course des courses en mer, un Everest en guise de tour du monde.

Je lui demande de bien vouloir me raconter son épreuve, de me la raconter avec le plus de détail possible. *Moby Dick* est un très bon roman, mais je ne pars pas chasser le cachalot, j'ai besoin de me projeter dans les réalités que je ne vais pas tarder à affronter, le golfe de Gascogne, les mers du Sud.

Nous avons ainsi discuté du Vendée Globe toute la soirée. Il est précis et minutieux, s'arrêtant sur toutes les étapes qu'il juge utiles à ma préparation. Il a compris ce que je suis venu chercher à La Rochelle : une expérience de compétition,

2. Il partit en 2013.

nécessaire pour entrer plus avant dans la course et ne pas me laisser surprendre par les baleines blanches.

À la fin de ce tour du monde rochelais, il est fort tard. Benoît a été généreux de son temps, comme un marin sait l'être quand il s'agit de parler de bateau et de navigation. Nous sommes tous les deux silencieux. L'essentiel a été dit. Je vais partir, reprendre la route des Sables-d'Olonne lorsque, d'un coup, comme subitement éclairé par une trouvaille inattendue, je l'ai vu se lever : « Attends-moi, dit-il, j'en ai pour une minute. » J'aurais pu le croire pris d'une envie pressante d'aller aux toilettes, cela n'aurait pas été étonnant, nous avons fait honneur aux boissons du bar, mais non, il me rapporte une carte des mers du Sud, celle que lui a donnée Didier Munduteguy. Il me dit de l'emporter à bord et de la garder tant que je participerai au Vendée Globe, afin de ne la transmettre à un autre marin que lorsque je déciderai de ne plus être au départ de l'Everest des mers.

Depuis ce jour, la carte a fait sept fois le tour du monde. À chaque Vendée Globe, elle embarque, non pas pour être consultée – en mer, les cartes ne sont plus vraiment utilisées, l'informatique les a remplacées –, mais comme le témoin d'une promesse tenue. Au-delà du souvenir de la soirée de La Rochelle, de Vendée en Vendée Globe, elle a pris la patine d'un livre d'aventure. Lorsque je suis dans le pacifique, pas loin du point Nemo, à l'endroit le plus éloigné de toute terre émergée, je goûte à la solitude de la course en regardant où je me trouve, en fait à côté de quoi je ne suis pas. Et je m'y sens bien. Je pense aux corsaires malouins parcourant les mers, en quête des richesses espagnoles. Je repense à l'albatros photographié pour mon pote Lulu. Je rêvasse à la vie des insulaires, à l'odeur de la terre qui s'annonce au large de leurs côtes. En regardant la carte des mers du Sud de Benoît Parnaudeau, j'ai l'impression de consulter une machine à rêver.

Deuxième partie

Un Vendée-globiste en mer

Mise à l'eau

Les travaux d'hiver sont terminés. La course du Vendée Globe 2024-2025 partira dans quelques mois. Des changements importants ont eu lieu sur le bateau, entièrement repeint avec la nouvelle signalétique de La Mie Câline. Dès que le temps le permettra, une séance photos en hélicoptère est prévue avec la grand-voile neuve déployée. Pour l'instant, ce qui est envisagé, c'est une tempête. Pas le moment d'effectuer le test à quatre-vingt-dix degrés, qui a été reporté. Nous ne pouvons pas coucher le mât du bateau à l'horizontale avec un peson, qui mesure les forces s'exerçant sur la tête du mât, afin de s'assurer, sous le contrôle d'un jaugeur d'IMOCA, que le navire est capable de se redresser. L'énergie requise pour faire chavirer doit être cinq fois supérieure à celle mobilisée pour le remettre à l'endroit. Et le bateau chaviré doit revenir à l'endroit grâce au basculement de la quille. Ce sont les critères de base à respecter. En attendant, le programme de mise à l'eau se contentera du mâtage.

La manœuvre attend le fournisseur de câbles, qui doit passer voir le bateau de Manuel Cousin avant le mien. J'ai l'habitude. Les navires basés en Bretagne, là où se trouvent une grande partie des fournisseurs, bénéficient d'un avantage. Au port de Lorient La Base, les équipementiers spécialisés sont légion : voilerie, spécialiste carbone, etc. Ils ont tout une zone d'activité qui leur est dévolue.

Mais je suis patient. De la Bretagne à la Vendée, il n'y a pas si loin.

Avant le mâtage, la tête de mât a été préparée dans le hangar. L'équipe l'a entièrement remontée en vérifiant les boulons aux bons endroits et en prenant des photos de chaque étape, pour que je ne sois pas perdu en cas d'intervention en course. Si un problème survient, en fonction de l'avarie, il est important que je sache avec quelle clé à molette grimper en haut du mât. Ça évite les allers-retours épuisants.

L'opération de mâtage est délicate. Le vent qui se lève n'aide pas. Je n'aime pas voir le bateau suspendu en l'air dans le berceau d'une grue de quatre-vingts tonnes, avec une quille de quatre mètres cinquante en guise de lest. De part et d'autre des foils, il y a à peine cinquante centimètres. Une erreur de manœuvre et nous cassons une aile. Heureusement, les grutiers travaillent avec une minutie qui les honore. Ils pilotent leurs engins avec la dextérité de gamins en train de participer à un tournoi d'e-sport. Le joystick n'a pas de secrets pour eux. Quand je vois le bras de levier de la grue se saisir du mât par le haut, comme on attrape une allumette, je leur fais une confiance aveugle.

Enfin, le bateau se pose à nouveau sur la mer. Il a beau être à l'eau, ce n'est pas fini. Il faut le faire passer du bassin du port de commerce au bassin du port de plaisance, là où se trouve le ponton du Vendée Globe. Pour cela, il nous faut attendre le feu vert du seul patron de l'opération, la marée, qu'elle veuille bien nous laisser passer. Ce n'est pas rassurant car nous nous sommes installés à côté d'un navire avec de la ferraille sur le pont. Le vent ayant assez de force pour projeter des petites pièces métalliques sur notre pont, plus nous attendons, plus le risque de casse augmente, ou de rouille, laissant l'empreinte de vieux boulons. Pour un voilier encore impeccable quelques heures auparavant, cela fait désordre.

Puis le moteur démarre. Un bon début. Avant-arrière, arrière-avant. Je laisse tourner en écoutant le bruit. Le moteur n'a pas fonctionné depuis plusieurs mois, la vérification des échappements s'impose. Fonctionnent-ils correctement ? Est-ce qu'aucune visserie n'a été oubliée à l'intérieur ? Il faut avoir l'œil au moment des tests. Le bateau est vaste et rien ne doit être oublié, aucun détail, car la mer n'est pas tendre avec les négligents. J.-C.[1] examine avec soin tous les passe-coques : leur joint a pu sécher, il faut se méfier et s'assurer de leur étanchéité, de l'intégrité de la coque. Le b.a.-ba. Il dit toujours : « Un IMOCA est comme une horloge qu'il faut remettre à l'heure régulièrement. Plus on veut aller vite, plus on doit être précis sur les horaires du projet. »

De tous les IMOCA basés aux Sables-d'Olonne – il y en a six –, nous sommes les premiers à tester La Mie Câline après les travaux d'hiver. Plusieurs sorties thématiques sont prévues, voiles et cordages pour la première, l'envol du bateau à la deuxième, en le prenant en photo d'un hélicoptère, et la simulation d'une panne de batteries à la troisième, un black-out total. Procéder par thème nous évite d'oublier des sujets. C'est notre check-list de voileux.

Les échéances de la dernière course avant le Vendée Globe, la Transat anglaise, se rapprochent à grande vitesse, une vingtaine de jours tout au plus pour roder le navire.

1. Jean-Christophe Caso, *boat captain* de La Mie Câline.

Beaucoup de travail nous attend. Je vais être de plus en plus sollicité par les deux mondes, une vraie galette terre-mer. Il va être difficile de répondre à toutes les demandes-surprise des partenaires. Je m'y efforcerai, je n'aime pas dire non si je peux répondre oui à une invitation, mais je dois aussi me ménager pour la course. Naturellement, la mer va prendre peu à peu le pas sur la terre.

Sur l'eau, la concentration est à son maximum, malgré l'euphorie de nous trouver à bord en compagnie du maître voilier venu de Bretagne s'assurer que les nouvelles toiles sont conformes à la commande. Un dauphin nous accompagne. Nous testons trois voiles différentes. Il manque des lattes à l'une d'entre elles. Le maître voilier prend des notes. « Lattes, retendre les voiles. » Les cordages ne sont pas de la bonne couleur. Comme je ne souhaite pas faire d'excès pour le début, le bateau va d'une allure tranquille, à une dizaine de nœuds.

Nous entrons enfin dans le vif du sujet. Je suis heureux.

Vous avez dit automatique ?

Les faits sont têtus, comme les chiffres. Ils ne manquent pas de vous rappeler leur raison d'être. Sur un IMOCA, la plupart du temps, la manœuvre leur est confiée. Ce sont les variables à partir desquelles les décisions de navigation sont prises par le pilotage automatique. Enregistrés par les capteurs dont sont truffés les bateaux, les chiffres sont des alliés fidèles qui prennent le pouls de la mer en soupesant tous les possibles à la disposition du bateau en matière de réglages, pour optimiser sa performance. Mais si le logiciel traite ces informations durant quatre-vingt-quinze pour cent du temps d'une course, le capitaine en supervise le résultat à tout instant. Si l'allure ne lui convient pas, il intervient et règle les voiles directement sur l'interface de son écran de pilotage.

Car le capitaine s'est mis à la page. Il a préféré laisser son caban en laine au vestiaire. Les textiles techniques lui conviennent mieux, ils sont plus efficaces pour rester au sec. Je le sais, j'ai testé les deux. Même chose pour les pilotes automatiques. À leur début, lorsque je courais des transats du Figaro avec Gérald Viénard, qui s'occupe désormais de la performance de La Mie Câline, ce qu'on appelle les centrales inertielles[1] prenait une information à la seconde, contre cinquante aujourd'hui. Nous connaissions nos machines par cœur. C'étaient les ancêtres des pilotes contemporains, désormais dotés d'algorithmes dédiés et augmentés d'une intelligence artificielle nourrie des chiffres recueillis pendant les entraînements.

Les navigations avant la course sont devenues des étapes clés de la préparation, servant à enrichir la banque de données des serveurs. Elles affinent le troisième œil du skipper, le pilote automatique, qui apprend au fur et à mesure qu'il navigue. Plus la machine enregistre des configurations différentes, toutes météos et toutes mers confondues, plus ses réactions en mer sont pertinentes. La banque de données de chaque IMOCA est l'équivalent d'un trésor connu des seuls membres de l'équipage qui ont contribué à le constituer. Ce sont des systèmes ultra-performants se corrigeant en direct. Le niveau de dextérité est tel qu'il est parfois préférable de laisser au pilote automatique le soin de barrer en explorant des pistes qui n'ont pas été indiquées au préalable à la machine, au lieu de s'acharner à lutter contre sommeil. L'humilité du marin est d'apprendre à reconnaître un bon mouvement d'un mauvais, et de se mettre en retrait quand il faut, pour éviter la zone rouge où la vue se brouille de fatigue.

La barre n'est pas pour autant un accessoire pour faire joli. En cas d'avarie, elle s'avère assez utile. Même si je l'utilise très peu, j'aime savoir que je peux à tout moment reprendre le contrôle manuel. Les boutons et les écrans tactiles de l'électronique ne doivent pas nous faire perdre de vue l'essence même de la voile, sentir le bateau, qu'il vole grâce à ses foils

1. Instrument permettant la mesure d'un mobile en mouvement, son accélération, sa rotation, etc.

en forme d'aile d'avion ou non. Et puis, malgré la présence de trois pilotes automatiques, dont deux embarqués par mesure de précaution, c'est dire leur importance, la panne d'électricité est toujours envisageable. L'imprévisible aussi.

« C'est ici que les Athéniens s'atteignirent[2] », pourrait-on dire en guise de boutade. Dans ces moments compliqués, il vaut mieux avoir prévu un plan B. Lorsque les écrans des ordinateurs à bord refusent de fonctionner, le capitaine doit avoir à sa disposition de nouveaux repères. Selon les allures testées à l'entraînement, des tableaux d'équivalences entre les chiffres enregistrés en direct par le bateau et des « marques » visuelles pour ajuster le réglage de la voilure aux conditions de navigation, sont indispensables. Selon les voiles et leur couleur, jaune, rouge, plus facile à repérer en sortant de la cabine de nuit, qui indique sur quelle drisse, sur quelle amure elle doit être utilisée, les marques repères permettent de continuer à performer.

C'est Gérald qui prépare ces informations. Il aime prouver par des chiffres ce qu'il voit sur l'eau, traduisant l'allure du bateau en données exploitables par le logiciel du pilote automatique. Il m'aide à trouver de la vitesse et sait que, au-delà d'un certain seuil de fatigue, le skipper devient un vrai robot, et ne sait plus comment il s'appelle. Les marques sont les repères de confiance quand rien ne va plus. Plus de jus dans les batteries, les marques sauveront la mise. L'astuce est aussi simple que l'intelligence artificielle est sophistiquée. Peu se rendent compte des efforts à mobiliser pour piloter un IMOCA en plein décollage sur ses foils ou réussir à dormir en se tenant d'une main, tellement la mer peut parfois devenir sauvage. L'exercice est des plus périlleux.

2. Marcel Proust, *Sodome et Gomorrhe*, Le Livre de poche, 1993.

La belle manœuvre

Plus jeune, je me précipitais sur les manœuvres à effectuer. Je partais à l'abordage espérant remporter toutes les batailles. Mais le geste parfait n'existe pas et l'apprentissage se paye au prix fort. Il existe cependant un point commun à tous les skippers, quelle que soit l'expérience acquise en mer : en solitaire, les belles manœuvres sont plus fréquentes. J'ai remarqué que les moments de grâce d'un virage de bord parfait, effectué seul, ont une intensité que la même manœuvre en équipage ne procure pas. La présence de coéquipiers change les impressions de navigation. Lorsqu'il n'y a personne pour rattraper son erreur, ne pas en commettre offre une grande satisfaction. L'inverse est proportionné aux dégâts commis par la bourde que vous avez eu la maladresse de déclencher. En 2010, sur la Route du Rhum, j'avais mal effectué un enroulage de *gennaker* et j'ai dû assumer ce handicap jusqu'à la fin de la course. Une boulette qui m'a coûté au classement plusieurs places, jusqu'à terminer septième.

L'autre règle tacite, qu'on découvre quand on la vit dans sa chair de navigateur, est l'importance de la répétition des gestes et des manœuvres pour construire une confiance en soi imperméable aux circonstances. Ce n'est pas au moment de tirer un penalty qu'il faut douter de son entraînement, ni quand les mers du Sud jouent à la baston avec votre voilier. L'urgence doit vous trouver fin prêt. En attendant la mobilisation générale requise par le Vendée Globe, savourez la lumière turquoise qui accroche la crête des vagues sur une toile de fond faisant grise mine à la météo. Instants de répit, instants de plénitude.

Puis la manœuvre s'invite dans le paysage.

Avant de me lancer, pour abattre, pour empanner, ou autre, je passe rapidement en revue l'essentiel, je visualise les enchaînements, toute la manœuvre. Je me règle en suivant un protocole concocté au fil des courses. D'abord une lampée de gel énergétique. J'aime celui au goût de pomme : glucoses, vitamines et minéraux. Le coup de fouet qui motive. Je bois et pense à emporter une gourde pour m'hydrater pendant l'action, très important. Je n'oublie pas de manger aux heures des repas inscrits sur le planning, même si je n'ai pas faim. Je sais que l'appétit vient en mangeant, preuve que les proverbes ne racontent pas que des âneries. Méfiance quant à la solitude qui peut vous hypnotiser au point de vous faire oublier de prendre soin de vous.

En fait, avant d'effectuer une manœuvre, tout est important. Si un maillon de la chaîne manque à l'appel – les gestes, le gel énergétique, la réserve d'eau –, rien ne va plus, pire que dans un casino quand le croupier a annoncé que les jeux étaient faits. Le dépassement de soi ne s'improvise pas.

Le matossage et l'âge du capitaine

Non, ce n'est pas un gros mot. Je dirais plutôt un gros dossier, une lourde affaire. Le matossage – un art – ou comment équilibrer un bateau en déplaçant le matériel rangé à l'intérieur, à la *mano*, s'il vous plaît. Raison pour laquelle les anses des sacs sont gainées par des bouts de tuyaux d'arrosage, afin d'éviter de se blesser pendant le transport. Le sel n'épargne pas les petites blessures, qu'il empêche de cicatriser. À la longue, il brûle les mains. Heureusement, certains matériels se prêtent plus facilement à ces déplacements, comme la table à cartes coulissante.

En course, il est important de s'intéresser au matossage. Mais je ne connais pas un marin qui aime s'en occuper, alors que ce réglage peut faire la différence. Mettre le poids là où il faut. En enlever, le cas échéant, en vérifiant la présence d'eau à l'avant, et écoper au besoin, pour alléger et gagner de la performance. Ce n'est pas la tâche la plus agréable de la vie à bord. Peu importe. Je m'y colle quoi qu'il arrive, autrement je ne parviens pas à dormir. J'ai l'impression que quelque chose cloche.

La formule du matossage est simple, plus le bateau est à plat, plus il va vite. Cependant, la règle change selon la forme des bateaux, la présence et la forme des foils et des voiles. Les lois de l'hydrodynamique et de l'aérodynamique ont plus que jamais leur mot à dire. Les conditions météorologiques aussi, puisqu'elles s'invitent sans gêne dans l'équation : tempête, pétole, etc.

Pour un devoir sur table, prenez vos cahiers et considérez un IMOCA d'une génération récente, avec foils standard, d'un poids non chargé de 7 à 8 tonnes environ, d'une longueur de 60 pieds, 18,28 mètres, le bon rapport entre la puissance et la maniabilité pour être piloté par un seul navigateur. Imaginez que chaque bateau répond aux critères d'une jauge ouverte, c'est-à-dire obéissant à des caractéristiques, les mêmes pour tous – longueur et largeur de la coque, hauteur du mât, etc. –, excepté les trouvailles des architectes navals, partis du principe que ce qui n'est pas imposé est autorisé. Pensez à la résistance de la carène[1] qui, sans les foils, briderait la vitesse du bateau. Évaluez la surface disponible des huit voiles embarquées à bord (grand-voile, tourmentin, J3, J2, J1, petit *gennaker*, grand *gennaker* et spi). Considérez les phénomènes de flappe[2] de la grand-voile et des autres, quand elles s'agitent comme des drapeaux en berne, oubliant leur fonction première, nourrir la force propulsive de la force vélique[3]. Soupesez le fait que les vitesses atteintes grâce aux foils peuvent faire subir au mât des contraintes de charge, jusqu'à la rupture. Sachant que la densité de l'eau est plus forte que celle de l'air, n'oubliez pas de noter que le problème ne pourra pas faire l'économie d'une réflexion sur la force antidérive et ses capacités à faire avancer votre engin en ligne droite. Comptez le nombre de sacs, une quinzaine, près de deux cents kilos, sans les voiles, qui seront à déplacer au

1. Surface de la coque en contact avec l'eau.

2. Flapper : s'agiter.

3. L'effort du vent sur la voile.

moment de la manœuvre, avant ou arrière, gauche ou droite, selon que vous êtes bâbord ou tribord amure. L'usage d'un palan est conseillé dans beaucoup de cas. Enfin, en évaluant le poids de l'ensemble, mélangez toutes les données avec la poussée d'Archimède et vous obtiendrez peut-être une idée de l'importance du matossage et de la répartition du poids dans la conduite de votre voilier. Sinon, vous pouvez éventuellement vous rabattre sur l'âge du capitaine, plus facile à trouver.

Fin de l'exercice.

Et pour tous ceux qui n'auraient pas trouvé la bonne réponse, il y a l'option de considérer le matossage, malgré ses faux airs de science physique du rangement, comme l'art de déplacer à l'huile de coude des colis, tel un déménageur breton digne de ce nom, qui balance d'un bord à l'autre la centaine de kilos d'une cargaison grâce à des manœuvres décidées pour aller plus vite que ses petits camarades.

En bateau ça ne donne jamais rien de forcer. J'ai souvent entendu dire du Vendée Globe, annoncé comme l'Everest des mers, qu'il fallait être barjot pour se lancer ce défi, alors que je pense l'inverse. Dans la mesure de ses moyens, je crois à la nécessité d'aborder cette course le plus sereinement possible. C'est un numéro de funambule. L'important est de rester sur le fil, pas de regarder le vide en dessous de soi, car les passages en force ne fonctionnent pas et se payent cher. Combien de marins en ont fait les frais en poussant leur bateau dans les mers du Sud, avec une avarie fatale à leur course en guise de récompense. Je peux les comprendre. La dangerosité de ce lieu est si magique que l'envie de lâcher la bride peut tenter n'importe lequel d'entre nous. Faire du toboggan sur les vagues a un côté jubilatoire, capable de griser les têtes les plus froides. Le risque ? L'erreur de pilotage, la fragilité du matériel.

Vacarme

En mer, un voilier en carbone est comparable à une enceinte ultra-puissante qui répercute tous les sons de la navigation en les décuplant. Avec les foils, les IMOCA sont d'incroyables caisses de résonance. Plus le bateau file, plus le bruit s'intensifie. L'immensité majestueuse des flots est alors au regret d'annoncer aux rêveurs de carte postale qu'une course s'accompagne toujours d'une bande-son menée tambour battant par un diable de vent indifférent aux réclamations.

Au large, ça claque et ça cogne, ça glougloute, ça vrombit à vous rendre vraiment sourdingue. Un tapage insensé. Le moindre choc se répercute en s'amplifiant. Les foils sifflent comme des fous lorsqu'ils sont emportés dans leur élan. Le bateau prend de la vitesse et la sarabande monte le volume. Selon les océans, la bande-son change de tonalité. Selon les voiliers aussi. À chacun son ambiance musicale. Certains ne supportent pas ce boucan et portent un casque antibruit. Je préfère rester à l'écoute. Le vacarme est bon signe. C'est un indicateur de la force du vent et de l'allure. En cas de couac, il est aussi le signal d'un dysfonctionnement.

Il est le clairon infatigable d'une cavalerie qui sonne la charge en pourfendant les vagues dans une joyeuse cacophonie. Mais cela met forcément un régiment sur les genoux. Je ne vous parle pas de son effet sur un marin. Car ce n'est pas un bruit ordinaire, c'est une puissance en action, vous rappelant sans cesse que vous êtes bien au milieu d'éléments sur lesquels vous n'avez et vous n'aurez jamais aucun contrôle. La version flippante du lâcher-prise.

Le bémol est que ce bruit est usant à la longue. Il se rajoute aux nombreuses sollicitations sonores, alarme anti-collision, alarme du réveil, qui rabote l'enthousiasme à force de se répéter. Quand le bateau fait tac-tac-tac ou boum-boum-boum en permanence, calé sur une boîte à rythme extrême, loin du son paisible des navigations dans le bassin d'Arcachon, ça finit par faire pif-paf-pouf sur le moral. Ce bruit omniprésent a un aspect hypnotique dont il faut se libérer, à moins d'envisager de se laisser envoûter, au risque de terminer au fond de l'eau sans comprendre ce qui vous est arrivé : un changement de la direction du vent ou une mauvaise déferlante.

Une des solutions que j'affectionne est d'écouter de la musique pendant les temps de veille. Deux moments me sont précieux : lorsque le soleil apparaît et lorsqu'il se couche. J'ai besoin de ces pauses sonores pour évacuer le stress du vacarme de la navigation. Décrocher me donne de l'énergie. Je mets des écouteurs et lance une des playlists concoctées par un copain d'enfance, Olivier Thomas, un amateur de rock qui bosse pour un magazine spécialisé, *Rock & Folk*. Il me fait écouter des nouveaux sons tout en les mixant avec des classiques, The Doors, les Rolling Stones. Je découvre avec plaisir des groupes qui me sont inconnus. Une fois sur terre, ils me rappellent les bons moments de la course. Pendant le Vendée Globe de 2020, Olivier avait sélectionné des styles musicaux en fonction du parcours : musique du Brésil, musique d'Afrique, musique antillaise, un échantillon des musiques du monde. Il y avait même une playlist « kangourou », après le passage du cap de Bonne-Espérance, un salut à l'Australie. Je les avais toutes partagées avec Yannick, qui s'était envolé vers la victoire. La musique m'avait bien aidé quand je réparais les crochets de la tête du mât, qui auraient pu me faire abandonner, parce que, sans grand-voile, il est difficile d'avancer, même en musique.

Le ciel n'attend pas

Dire que les marins sont tributaires de la météo est une évidence qu'aucun voileux ne risquera de contredire. Quoiqu'il arrive, à bord, la météo est embarquée d'office. Elle est le quotidien du navigateur. En levant simplement le nez pour humer l'air ou en se plongeant dans les bulletins météorologiques, la détection du temps à venir est une occupation permanente. Impossible de s'y soustraire puisqu'il est question de sécurité et de bon sens. Mieux vaut connaître la météo marine avant de partir, ne serait-ce que pour préparer les bonnes voiles en fonction du vent pressenti, de sa direction, sa vitesse.

Après le capitaine, le temps est seul maître à bord. Il dicte la marche à suivre. Si je veux faire des images en mer pour le prochain Vendée Globe avec le bateau impeccable, fraîchement repeint, je suis obligé d'attendre les bonnes conditions, un vent établi selon une force moyenne. Pour des essais, j'ai besoin de configurations météos variées. Évidemment, celles-ci font toujours défaut, d'où la nécessité de s'adapter en continu. C'est d'ailleurs la leçon principale à retenir : remettre en cause régulièrement ses routages et assurer leur multiplication, ce n'est pas une, mais plusieurs routes optimales qu'il faut tracer au gré des variations. La bonne route à suivre est forcément instable. Au large, apprendre de ses erreurs est la meilleure façon d'appréhender une situation.

L'exercice requiert de la patience. Le sujet n'est pas facile et se former est indispensable. Dans ce registre, j'ai fait beaucoup de stages, pris des cours aussi, avec Richard Silvani de Météo France, avec le météorologue Jean-Yves Bernot, qui navigue en plus d'être un routeur hors pair. Il avait assuré le routage de la Transat Jacques-Vabre 2007, jusqu'à l'arrivée à Salvador de Bahia, au Brésil.

Indépendamment de la technologie – un ordinateur dédié avec logiciel ad hoc installé à demeure –, la météo est une culture, une intuition à cultiver. J'ai à bord de nombreux guides, des cours et la carte d'Yves Parlier annotée pour le Vendée Globe, celle qui pointe les bons et les mauvais spots. Avec plus ou moins le même bagage, chacun développe ses méthodes, une touche personnelle, comme celle d'Alex Thomson, habitué à aller chercher les vents contraires en début de course pour réduire sa trajectoire et ensuite profiter des vents portants. Et puis, les conditions météorologiques se modifient. La fonte des glaces conduit à emprunter une route plus au nord et oblige les organisateurs à revoir leurs parcours à chaque nouvelle édition. Nous sommes tous à l'affût de la moindre information. L'erreur serait de penser qu'une expérience importante est un atout, alors qu'elle peut orienter vos conclusions et vous faire prendre de mauvaises décisions de navigation.

Le mieux est de repartir à zéro en appareillant.

Entre les fichiers météos de vent, de glace, de vague, de nuage, le choix est vaste et la décision à discrétion. Ce qui domine est le changement. Aux abords du Pot-au-Noir, au niveau de la ceinture équatoriale – bal de masses d'air chaudes et humides soutenues par les alizés, incertitudes et rythmes endiablés –, la fréquence de consultation de ces fichiers est en rapport avec l'instabilité de la zone. Et si rien ne marche comme prévu, deux options se présentent, le ressenti, l'équivalent des intuitions de Madame Soleil, et les dictons. Si « ciel pommelé et femme fardée ne sont jamais de longue durée », les nuages pré-orageux sont bien l'indication d'une possible dégradation orageuse. Tandis que le « soleil couchant dans les haubans » (les averses en mouvement éclairées à l'ouest), avertit de mettre son caban avant que l'air se fasse plus frais qu'il l'est déjà.

La conclusion serait qu'il y a autant de marins que de façon de lire la météo, avec un point commun : les interprétations sont souvent plus justes en mer qu'à terre. Dans les mers du Sud, un fichier vent annonçant vingt nœuds se voit rajouter à la louche dix nœuds de bonne mesure, pour éviter les mauvaises surprises. Pareil dans les mers du Nord.

Un marin, une mer

Les expériences de navigation sont aussi nombreuses que les marins. Si tous s'accordent avec enthousiasme sur leur amour du large, chacun à une façon bien à lui de le raconter. Je ne sais pas à quoi cela est dû. Les récits de voileux ne se ressemblent pas. Malgré des points communs évidents, l'expérience de l'horizon, du vent, de la houle et des vagues, l'idée que tout un chacun se fait de la mer reste marquée par des impressions très personnelles, insaisissables pour les autres, avant que vous fassiez l'effort de les expliquer. Et là, plus personne n'est d'accord.

Je peux citer de nombreux exemples d'échanges à l'emporte-pièce, surpris de ne pas être sur la même route. Le plus éloquent est le passage d'un livre[1], un *Dictionnaire amoureux de la mer*, qui m'avait interpellé parce qu'il cédait la parole à l'un de mes illustres aînés, Loïck Peyron : « Il n'y a pas plus monotone que la mer, en mer. Une monotonie sans commune mesure avec l'ennui. Cette monotonie devient une ivresse, à la longue, on se défonce à la monotonie. Et pourtant la mer ne se ressemble pas. Toutes les vagues sont différentes, il n'y a pas une vague jumelle de l'autre, pas une

1. Yann Queffélec, *Dictionnaire amoureux de la mer*, Plon, 2018.

goutte d'eau, pas une seconde, mais qu'est-ce que tu vois quand tu regardes la mer : la mer. »

Monotone, la mer ? Sur le moment, je n'en étais pas revenu qu'un marin de cette trempe ait choisi le terme de monotonie pour qualifier l'élément qui avait été et reste l'objet de toute sa vie. J'avais bien conscience de l'immensité de la mer. Une fois au large, sur un voilier, l'effet est saisissant. Mais je ne l'ai jamais trouvée monotone ou alors d'une monotonie magnifique. Je ne comprenais pas que l'on puisse dire une chose pareille. J'avais beau chercher dans mes souvenirs de mer, à la surface du moins, je ne voyais rien qui ressemble à de l'ennui. J'avais peut-être raté quelque chose. Je n'avais probablement pas encore assez navigué. La mer a tant à nous apprendre. Je repensais à la pire des situations : immobilisé, un jour de pétole, des jours durant, sans âme qui vive, avec des horizons à perte de vue. Sur un petit bateau cela peut vous amener au bord de la crise de claustrophobie. Le choc du contraste sans doute. L'infini intimide.

Mais la mer ne me lasse pas.

Elle est d'une grandeur explosive. Une puissance déconcertante. Je me sens gosse devant elle, intrigué par les surprises, qui ne manquent pas, distribuées à quiconque joue avec ses humeurs venteuses. Loïck Peyron le sait. Les secrets de la mer lui sont familiers. Un palmarès aussi spectaculaire que celui de Tabarly : Transatlantiques, Transpacifiques, coupe de l'America… Inventeur de solutions à des problèmes insolubles, architecte naval autodidacte, il a navigué sur presque tout ce qui navigue, des plus modestes voiliers aux plus compétitifs. On ne peut pas dire que son parcours soit monotone. Et sa parole vaut son pesant d'or. Qu'a-t-il donc voulu dire, de cette ivresse de l'homme en mer, muette une fois sur terre, impartageable ? Est-ce la faute du voilier ou de la routine de la préparation d'un plat lyophilisé ?

En course, l'itinéraire alimente l'imaginaire. Les continents, les caps, la mer sortent toujours quelque chose de leur chapeau, sauf le cousin du lièvre[2], évitons que le malheur ne s'abatte. Avec les alizés, ce sont plutôt les poissons volants. Au portant, le bateau fend les vagues, l'écume s'esclaffe et parfois une ribambelle d'exocets – pas les missiles antinavires, les poissons – atterrissent sur le pont, comme des éperlans à frire pour l'apéritif.

J'ai beau écoper les mots de Loïck Peyron, la monotonie continue à m'échapper. Je n'arrive pas à me remémorer un moment où j'aurais pu regretter d'être en mer, éprouver un : « Qu'est-ce que je fais là, je pourrais être à la maison ! » Même dans les difficultés, je n'ai pas de regrets. Pourtant, contrairement à d'autres disciplines sportives, alors que la ligne d'arrivée n'a pas encore été franchie, on est le premier à savoir quand on s'approche d'une déception. La voile est l'unique sport où tu dois digérer un échec tout en continuant à concourir. Au départ, on vise les dix premières places, voire le podium. Une erreur tactique plus tard, un parcours capricieux, une avarie sur le bateau, et les ambitions sont bonnes à passer à la baille. À se croire plus beau que le roi, on termine à la place du fou. Vu les circonstances, la météo, le classement, on sait que certaines options sont devenues impossibles. Au tennis, tu joues une partie, perdue ou gagnée, c'est après le match que tu analyses tes performances. Sur un voilier, c'est pendant la compétition.

2. Cf. *Une femme à la mer !*

La nuance est de taille. Prendre une branlée n'a rien de plaisant. Sauf quand on navigue. Les déconvenues sont alors reléguées en arrière-plan par les manœuvres. Elles atténuent le vague à l'âme, le relativisent. Le bateau n'aime pas les marins distraits par leur classement ou le fatalisme. Les marges de progression existent. Et trouver la bonne cadence impose de performer. Quel que soit son rang, les courses sont à courir jusqu'au bout. Avoir derrière soi quatre traversées de l'Atlantique ou cinq, peu importe, n'enlève rien au fait que la mer reste un terrain d'apprentissage infini. Ne jamais tenir pour acquis son expérience, telle est la règle fondamentale à laquelle tout le monde se confronte. Les meilleurs comme les pires des marins.

La monotonie de Loïck Peyron évoque une multitude de mers dans un grand tout qui subjugue, les navigateurs autant que les passionnés de voile restés à terre. Je crois qu'il cherchait à dire que ce ne sont pas les histoires de navigation, les exploits, les drames ou les découvertes, qui ont lié si fortement les hommes à cet élément insondable, mais le silence, celui vécu dans l'intelligence de l'instant où tout l'être est engagé. Dans l'incapacité à dire, c'est le silence qui soude finalement les frères de la mer.

Et ce n'est pas une déclaration pouêt-pouêt !

La croisière s'amuse

L'idée m'est venue durant une course. J'étais au large de l'une de ces îles que j'affectionne, aimant la superbe de leur isolement. Après une passe à slalomer entre les paquebots, l'allure au portant était régulière. Le temps était plaisant, d'idéales conditions de navigation. Je vérifiais si les marques des écoutes, celles utilisées pour les contrôles de nuit, étaient réglées au plus juste du vent disponible. Sur mes écrans, j'avais la position et les trajets de mes concurrents les plus proches, qui ne semblaient pas réussir à me rattraper. Je filais en tête du petit groupe que nous formions. Il y avait un air de printemps à bord. Le baromètre des endorphines au beau fixe, je savourais ce moment de grâce.

La mer vous apprend à ne pas laisser passer les occasions de se réjouir. D'une dépression ou d'une rafale, il lui est si facile de vous faire passer de l'allégresse qui vous fait aimer intensément la voile, aux situations les plus compliquées, tempêtes, avaries et *tutti quanti*. À cueillir la beauté du jour, vous vous sentez exister comme jamais. *Carpe Diem* conseillait à ses élèves le personnage du professeur Keating, dans le film *Le Cercle des poètes disparus*[1], qui me marqua d'autant

1. Film de Peter Weir, sorti en 1989, lorsque j'avais 17 ans.

plus que je découvrais au même moment la violence de ma leucémie. Car dans une course au large, vous êtes comme un gamin sur un manège de fête foraine en train de décrocher le pompon pour avoir un tour gratuit en plus. C'est une incroyable source de joies et de peines, d'émerveillement et de catastrophes. Une fois lancé dans l'aventure IMOCA, ou sur n'importe quel autre navire, impossible de ne pas se laisser emporter par l'enthousiasme.

Je ne boude pas mon plaisir.

Le ciel est gris-bleu. Il fait bon, un temps comparable au climat que l'on trouve entre les archipels de Madère et des Canaries. Une impression de vacances à 25-27 nœuds[2]. Des vacances à grande vitesse. L'étrave tranche l'eau des vagues et l'horizon est dégagé. Je ne peux pas m'empêcher de rapprocher les sensations de cette course des navigations de mes loisirs. Je me rends compte que je ne fais plus la différence entre une croisière et une compétition. J'ai perdu les notions qui les distinguent. L'une et l'autre font cause commune. À force de mimétisme, peut-être que la croisière est devenue la jumelle de la compétition, peut-être que je ne peux plus naviguer sans pousser mon bateau. Dans les deux cas, je reste le même, j'adopte les mêmes attitudes : j'établis un programme, je suis une feuille de route, je surveille les prévisions météorologiques, gardant en tête de nouveaux réglages à essayer. Je profite du moindre souffle pour hisser les voiles et lâcher la bride au bateau, qui ne demande que ça.

C'était lui, le capitaine du tempo.

Je ne m'en plaignais pas. La chose s'était faite naturellement. Concentré sur l'organisation des solitaires et des

2. La vitesse de pointe d'un IMOCA est d'environ 40 nœuds.

transats, j'aurais pu le voir venir, reconnaître une appétence réflexe pour la performance, la volonté de se dépasser, ce que je m'efforçais de stimuler à chaque compétition, mais je n'avais pas anticipé la place que prendrait en mer la logique de l'IMOCA. Je n'étais pourtant ni un novice ni un Calimero qui « n'en veut sans savoir », je connaissais l'arrière-cour des exploits en haute mer, les différences technologiques ou d'investissement pour des options sur la victoire, indépendamment des marins. Dans les faits, le bateau était devenu le patron. Il y avait un seul capitaine à la manœuvre, mon double, le prototype sur lequel nous avions des mois durant, l'équipe et moi-même, partagé tout notre savoir-faire pour le doter de toutes les astuces à disposition, afin que La Mie Câline soit un vrai bateau de course en solitaire.

Croisière ou pas croisière, peu lui importait, la mer n'attendait pas.

Vite, un p'tit dodo

« Qui qu'en grogne » tempête le capitaine à la moindre risée, prêt à toutes les bravoures pour relever le défi des océans. La scène paraît presque banale, tant notre imaginaire fait de la vie de marin une aventure d'exception. Corsaire, pirate, flibustier, aventurier moderne, skipper solitaire : ils sont nombreux, ces hommes de la mer, à tracer un sillon d'audace. Au point de se demander si leur équipée n'a pas fini par créer, à la longue, une brume tenace, un mauvais brouillard empêchant de distinguer le vrai du faux, la réalité de la fiction.

Personne ne conteste qu'il y a des moments extraordinaires à bord, des joies intenses aussi fortes que des lames de fond. Au large, toutes les sensations sont décuplées. Une manœuvre réussie et ce sont des ailes qui poussent instantanément. L'apparition d'une baleine est toujours un moment bluffant, comme la vitesse du navire ou l'euphorie ressentie à l'instant où on double un concurrent.

Je me souviens du Vendée 2012-2013, la veille du passage du cap Horn. Je venais de dépasser Javier Sansó, qui courait sur un IMOCA flambant neuf, Acciona 100 % EcoPowered. Sur le papier, son bateau était beaucoup plus performant. En le doublant, j'avais bien cru que j'étais en train de gagner le Vendée Globe. J'en aurais pleuré de fierté, avant de comprendre que la course n'était pas du tout finie et que cette information me fasse rebasculer, d'un même mouvement de yoyo, dans l'émotion inverse.

En mer, les surprises sont nombreuses. Elles accompagnent les rituels du bord, les pimentent d'impératifs à vous réveiller un marin perdu entre les mains de Morphée. Ce sont les condiments des événements qui bousculent les routines et font l'actualité. Mais que se passe-t-il vraiment tout au long des jours et des nuits d'une course en solitaire ?

Un esprit espiègle parlerait d'un train-train de petit vieux, d'un découpage du temps en habitudes et autres maniaqueries, rythmant les heures de la compétition d'un grand bol de thé, avec un nuage de lait s'il vous plaît, bu en mâchouillant des petits gâteaux au blé qui fondent dans la bouche comme des bonbons. Quelle différence y a-t-il entre le rangement chaotique de mes affaires à terre et l'organisation à bord du matériel, selon l'art et la manière d'un vrai bureau de bon élève ? Car les journées sont des feuilles de route immuables, calées sur un programme, chaque jour identique, qui ne laisse aucune place à l'improvisation, d'un p'tit dodo à l'autre.

Ça démarre à l'aube. Rien d'anormal. Excepté que le soir vous n'êtes pas allé dormir, puisque les journées défilent en continu, de jour comme de nuit, celle de la veille semblable à la nouvelle. Il est alors six heures environ du temps universel, déterminé en regardant les étoiles du méridien de Greenwich. C'est l'heure de la météo, à six heures ou parfois plus tard, mais jamais après huit heures. Selon la position du bateau, il y a différents fichiers, différentes prévisions, pas toujours d'accord entre elles. Dans le golfe de Gascogne, il y en a souvent quatre. Le moment de se souvenir des fiches et des tutoriels, et des cours de météorologies des experts aux avis bien campés : « À cette période de l'année, les dépressions sont fréquentes [...]. Je me méfierais du Pot-au-Noir, la zone de convergence intertropicale fait toujours des siennes. »

L'aube est en train de s'estomper. Il est temps de se préoccuper du routage. Faire un point sur sa route et celle de ses concurrents, aidé par un logiciel de navigation à la fiabilité relative, point A, point B, quelle distance, quelles étapes, quelles manœuvres ? Attention aux incohérences. La météo étant ce qu'elle est, capricieuse, le choix est à la discrétion du marin. La décision, bonne ou mauvaise, doit être prise. Faut-il prendre le large, garder son cap ou se diriger vers une côte ?

C'est le petit matin. Après la météo, le routage, la lecture des courriels de la nuit, plus ou moins dans cet ordre, vérification, à l'extérieur, que tout est en ordre. Qui sait si un iceberg ou un cargo ne rôde pas. Quand tout va bien, je prépare une grande tasse de thé, que je bois en trempant des gâteaux secs, indispensable pour assouplir l'acidité du thé, m'a prévenu une des cousines de ma femme, Cécile.

Puis, c'est l'heure du p'tit dodo.

Le réveil se fait avec un bol de céréales. Je profite du spectacle de l'horizon. S'il y a une manœuvre à faire, je la fais ou je la prépare. J'affine les réglages. Ceux de la nuit n'ont rien à voir, les repères ne sont pas les mêmes de jour. Je vérifie que les safrans sont bien dans l'eau, que le niveau du générateur est suffisant. En fonction du temps, la mer aussi fait des pauses, je passe à l'avant du bateau pour une tournée d'inspection.

Et c'est encore l'heure du p'tit dodo.

Ce sont des petites siestes successives, qui durent une demi-heure. Mais il faut être honnête, dans les mers du Sud, parce que les vents sont en moyenne assez stables dans cette zone bien que forts, il m'est arrivé de dormir deux à trois heures d'affilée. Ce n'est pas difficile, on tombe de fatigue. Dans l'Atlantique, les imprévus météorologiques ne le permettent pas.

On se réveille. On inspecte l'horizon, note la présence ou non de bateaux aux alentours. On s'assure que l'allure n'a pas changé, allure à quille, allure à safran. Manœuvre ou préparation de manœuvre à nouveau. En règle générale, on fait une manœuvre tous les deux jours, jusqu'à quatre dans le Pot-au-Noir. Chaque manœuvre dure entre une demi-heure et une heure. En cas de changement de trajectoire, il y a le matériel à passer d'un bord à l'autre. Une rude tâche. Pour les voiles, cela prend une bonne heure et c'est éreintant. Il y a aussi les vacations, des rendez-vous avec les organisateurs de la course, qui s'assurent qu'on est toujours vivant et en forme. C'est gentil.

Mais c'est l'heure du repas du midi, de piocher dans la pochette du jour. Chaque jour, une pochette et son menu, de J +1 à J +80. On mange tranquillement, le repas est dans un sac isotherme. Inutile de se presser, ce n'est pas bon pour la digestion. Une heure plus tard, on peut barrer, revérifier les réglages, écouter le bateau parler, des fois qu'un drôle de bruit se fasse entendre et avertisse d'une possible avarie.

Puis café, un grand bol, et un p'tit dodo.

Au réveil, on voit des dauphins qui suivent le bateau en sautant hors de l'eau, rieurs. L'occasion de faire une vidéo, ça va plaire aux enfants. En moyenne, je fais une vidéo tous les deux jours et un son tous les jours, pour raconter ce qui se passe, un moment de la journée. La vidéo est plus compliquée à faire. Je n'ai pas toujours la présence d'esprit d'un réalisateur pour saisir en images un aspect de la course, trouver un thème. Au départ du Vendée 2020-2021, tandis que j'étais en haut du mât, à vingt-sept mètres de hauteur, à m'affairer sur la grand-voile, j'ai oublié de filmer, trop absorbé par la réparation. Il a fallu que je remonte avec la caméra pour illustrer le moment. En même temps, j'aime bien chroniquer mon quotidien, le partager sur l'instant.

Et d'en parler, ça donne des idées de sujet pour le prochain Vendée Globe. Je pense à l'heure du goûter, à la crème au chocolat, à la compote de pommes. En mer comme sur terre, c'est un délice. Il faudra que je réfléchisse à une petite séquence sur ce moment réconfortant. Les journées sont vraiment construites autour de ces deux pôles, l'alimentation et le sommeil.

Dans les intervalles, la vie de marin.

Enfin vient la tombée du jour. Le moment de redoubler de vigilance, de garder l'œil en alerte, de s'assurer que le matériel est à sa place en cas de manœuvre impromptue. Avec la nuit et la fatigue, les repères bougent à nouveau. Pour me tenir éveillé, j'écoute de la musique. Je découvre les playlists de mes amis. Je m'adapte au changement d'ambiance avant de filer au dodo, une fois que je me suis habitué à la nuit.

Je dors un quart d'heure, maximum une demi-heure.

Et hop debout, c'est l'heure du repas du soir. Décidément, je mange tout le temps. C'est indispensable si je veux tenir le rythme. Ai-je été doublé ? Non, fausse alerte, j'ai gardé la même position. Mais il y a des réglages à faire, les voiles à border, avant de les changer, bien plus tard dans la nuit. Il y a un concurrent pas loin. Je l'appelle en VHF pendant que les pâtes carbonara se préparent. On discute, on rigole, on se raconte nos vies en direct.

À table !

Un peu d'huile d'olive, un peu de tabasco.

Une heure plus tard, au dodo à nouveau. Mais attention, pas trop longtemps, les dodos de la nuit. Il faut rester sur le qui-vive. Je branche donc le réveil. Quand il sonne, c'est plus dur qu'en journée. Heureusement, j'ai préparé une collation, barre de céréales, compote. À deux ou trois heures du matin, cela commence à être rude. Pas grave, on prépare un grand bol de thé, avec un nuage de lait. Les voiles sont à changer. Faut-il attendre l'aube ou le faire tout de suite ? Si je vois que je perds de la vitesse, la décision est vite prise : se mettre un coup de pied au derrière.

Tout le monde sur le pont !

Après l'effort, les voiles rangées, je m'assure de la vitesse du bateau. Excellent, l'allure a augmenté, je suis à plus de 110 % du potentiel du bateau. Je suis content. Je n'ai pas ménagé ma peine et me suis découvert une résistance qui m'est inconnue quand je suis terre. J'ai bien mérité un p'tit dodo.

Et c'est reparti pour un tour.

À la douche !

Durant les préparatifs de la huitième édition du Vendée Globe, en 2016-2017, La Mie Câline[1] lança un concours sous la forme d'une plaisanterie pédagogique : combien de caleçons étaient prévus pour la traversée ? La réponse gagnante, six caleçons à bord pour trois mois de mer, donnait une idée des enjeux d'hygiène sans avoir l'air d'y toucher. J'avais peut-être l'air fin avec mes six caleçons au compteur, quatre-vingt-dix jours sur l'eau, un caleçon propre tous les quinze jours, il n'empêche que la question restait pertinente.

« Tu ne dois pas sentir très bon lorsque tu reviens d'un Vendée Globe », me demandent souvent les enfants dans les écoles où je viens leur raconter la course au large et le métier de skipper. Non, c'est vrai, je ne sens pas très bon après une course en solitaire.

À bord, l'hygiène n'est pas un détail à négliger. J'y veille avec les moyens à ma disposition. Je n'ai pas envie d'attraper une mycose ou n'importe quelle autre cochonnerie qui me handicaperait pendant les manœuvres. Je me lave les mains, les pieds, les aisselles, les adducteurs, le visage. En milieu humide, il faut veiller aux petits bobos. Ils peuvent vite

1. Sponsor principal depuis 2015.

devenir de gros ennuis, comme un panaris qui n'aurait pas été désinfecté à temps et dont l'inflammation aurait pris ses aises jusqu'à vous priver de l'usage de l'un de vos membres. J'exagère, mais à peine.

Généralement, je me lave le dimanche. Cela me donne des repères. Une fois par semaine, je fais homme de ménage, barbier et, à l'occasion, lavandier, en utilisant de l'eau de mer désalinisée. Pour être franc, je ne fais pas beaucoup de lessive, c'est trop contraignant de faire sécher le linge, presque impossible. Même quand il fait beau, il y a de l'humidité. Je me souviens du bonnet fétiche du Vendée 2020-2021, celui de Marie, qu'elle m'avait donné sur un coup de tête avant de sauter du bateau. Lors d'un gros temps, j'avais pris une sacrée vague et le bonnet avait été imbibé d'eau salée. Et un vêtement mouillé à l'eau de mer ne sèche pas. Après l'avoir lavé aussitôt et posé sur la bouilloire pour ne pas le reléguer au linge sale, je ne voulais pas m'en séparer sur un malentendu, j'ai récupéré un bonnet d'enfant. Il avait rétréci et il ne tenait plus sur ma tête.

J'ai dû m'en séparer.

Ce genre de mésaventure explique le principe du stockage de notre vestiaire. Un bien grand mot pour le peu que nous embarquons, le strict minimum et le plus technique, des vêtements respirants, imperméables, isothermes. Avant le départ, en fonction des mers que nous traversons, Atlantique, mers du Sud, la garde-robe est organisée au gré des climats prévus et de leur météo. Pour la Route du Rhum, du froid vers le chaud, pour le Vendée Globe, du froid vers le chaud, puis vers le froid à nouveau.

À chaque étape, je pioche avec parcimonie dans les réserves. J'essaye toujours d'en garder un peu sous le pied, on ne sait jamais ce que la mer va concocter. Lorsque j'ouvre les sacs de vêtements pour me changer, je trouve des petits mots d'encouragement dans les vestes de quart ou des blagues laissées par des amis dans mes chaussettes : « Il est temps de les changer. » Même chose avec les plats lyophilisés, des gentillesses sont glissées dans les sachets : « Tu vas te régaler. » « Je t'ai apporté des bonbons, un paquet de Tagada, parce que les fleurs, c'est périssable. » Ces attentions font du bien. Elles me mettent de bonne humeur. En les lisant, j'éprouve le même plaisir que de me passer une lingette sur le visage et de me sentir propre, dessalé d'une certaine façon, revenu à ma vie à terre. Une détente que je m'octroie de temps à autre, parce que les lingettes ne se recyclent pas dans la mer et qu'il faut les stocker dans les poubelles. L'espace étant limité, je préfère être prudent.

Selon les courses, le rapport à l'hygiène peut être différent. Je crois d'ailleurs que je suis plus propre pendant le Vendée Globe que lors de certaines transats où les étapes s'enchaînent à un rythme soutenu. Il m'est arrivé d'être rattrapé par la pestilence après un gymkhana de compétition, plusieurs jours d'effort. Je n'avais pas enlevé mes bottes de toute la course. Je prenais un verre avec d'autres marins quand j'ai senti se dégager du dessous de la table une odeur à couper l'appétit du plus enthousiaste des mangeurs. C'était moi, enfin plutôt mes pieds dans le plat. Sans compter que, à force d'avoir mariné dans leur jus, ils étaient blancs d'humidité, comme j'allais m'en rendre compte par la suite.

Pour éviter ces désagréments, je n'oublie jamais de me laver ni de me changer à l'arrivée des solitaires. Après un tour du monde, je n'ai pas envie d'incommoder, d'entendre les remarques des amis et de la famille qui viennent t'embrasser

– « Ah, la vache, qu'est-ce que tu pues » –, alors que tu es tout à la joie de les retrouver. Je préfère leur faire honneur.

De toute façon, les navigateurs en haute mer savent bien que l'un des remèdes souverains quand le moral est en berne, est de faire une bonne toilette. Simple et efficace. Je le constate à chaque fois. Ce n'est pas pour rien que j'ai glissé dans la trousse à pharmacie de l'IMOCA quelques lingettes de secours, au cas où. Lorsque je me sens un peu « crassou », je me passe un coup de « sent-bon » sous les bras et une lingette fraîche sur la truffe, et me revoilà frétillant comme un gardon.

Mais, si rien ne marche, j'ai toujours la possibilité de contacter l'équipe, je sais que durant les grandes courses elle est en veille vingt-quatre heures sur vingt-quatre. Avant le départ, leur blague préférée est d'ailleurs de m'annoncer le calage du planning de la garde alternée du p'tit, une semaine sur deux. À force de courir des Vendée Globe, je vais finir par avoir des complexes sur ma taille.

Sur le pot

L'innocence des enfants n'a d'égale que leur curiosité. « Monsieur, Monsieur, comment faites-vous pour aller aux toilettes ? » Sur le bateau, je ne m'attendais pas à ce que la classe en visite me sollicite sur un sujet aussi éloigné de l'image homérique du marin, parti autour du monde affronter les éléments à l'état brut.

« Vous tirez la chasse après ? »

Évidemment, les questions étaient précises et légitimes, logiques pour des marmots qui souhaitaient se représenter ce qu'était la vie à bord d'un IMOCA lors d'une solitaire. C'est l'occasion de leur parler des qualités des 60 pieds, de leur raconter l'histoire de cette classe de voiliers conçus pour être les bateaux les plus rapides du monde, en solitaire ou en double. Cela permet de leur dire qu'une association, l'International Monohull Open Class Association ou IMOCA, dont j'ai été le vice-président, définit les règles de la jauge, la longueur de coque, tirant d'eau, tirant d'air, hauteur maximale autorisée pour le mât au-dessus de la ligne de flottaison, fixée à ce jour à 29 mètres, etc.

J'en oubliais nos latrines et les sacs jetables, à ne pas confondre avec les sacs de nourriture, qui passent par-dessus bord avec nos excréments. J'évoquais les principes défendus par l'association, l'équité sportive et la sécurité, sans perdre de vue la question initiale puisque la sécurité concerne aussi le seau des toilettes. J'en profitais pour faire le tour des caractéristiques du bateau.

« Non, nous ne tirons pas la chasse. Il n'y a qu'un seau pour faire nos besoins, dont le contenu termine dans la mer avec la poche à caca biodégradable. » Aujourd'hui, le seau est fixe, c'est une obligation IMOCA, dans le respect de la sacro-sainte règle du navigant, une main pour le marin, une main pour le bateau. Aucune main n'est prévue pour le seau. Heureusement ! Imaginez qu'il faille l'empêcher de glisser tout en se tenant pour ne pas tomber. Impossible et délicat.

Fumer tue

Je crois qu'il n'y a plus de polémique à ce propos : « Fumer nuit gravement à notre santé et à celle de notre entourage. » Pas mal de gens sont d'accord, moi le premier, avec ces avertissements sur les paquets de cigarettes dits neutres, illustrés d'images à faire peur, des fois que nous passions à côté de la lecture des messages de prévention. L'époque a changé. Tout le monde sait que le cow-boy Marlboro embauché par Philippe Morris pendant quinze ans ne fumait pas. Cela fait longtemps que les industriels du tabac ont arrêté de prendre les gens pour des imbéciles avec des publicités aux conseils absurdes, pour maigrir – « prenez une Lucky plutôt qu'une sucrerie[1] » – ou séduire – « aucune femme n'a jamais dit non à Winchester[2] ». Dans un certain nombre de pays[3], des lois se sont chargées de renforcer officiellement la lutte contre le tabac.

---

1. Annie Pastor, *Les Pubs que vous ne verrez plus jamais*, Hugo & Cie, 2012.

2. *Ibid.*

3. La Suède, l'Espagne, l'Italie, l'Allemagne, le Japon, l'Australie, etc. En France, la loi Veil du 9 juillet 1976 et la loi Évin du 10 janvier 1991, modifiée par le décret du 15 novembre 2006, élargissant à de nouveaux lieux à usage collectif l'interdiction de fumer.

Personnellement, à une exception curieuse, que je ne m'explique pas vraiment, je ne fume pas, ni en mer ni à terre. Je n'aime pas non plus voir les gens fumer à bord pendant les navigations à la journée. À chaque fois, j'ai l'impression que leurs mégots vont terminer dans la mer. Cela me dérange. Pourtant, au moment de préparer le Vendée Globe, il y a une chose que je n'oublie pas, c'est de mettre deux ou trois paquets de cigarettes au sec.

Vous allez penser que je suis fou et vous n'aurez pas tout à fait tort. J'ai moi-même du mal à justifier ce geste. Il y a forcément une obscure raison qui pousse un non-fumeur, convaincu de la nocivité du tabac, à fumer quelques cigarettes pendant une course autour du monde en solitaire. Je ne les fume d'ailleurs même pas, puisque je crapote. Mais j'en ai besoin, de quelques-unes. Ce sont des cigarettes qui m'aident à rompre la monotonie. Elles me distraient. Je suis content de sentir une autre odeur que celle du sel, d'avoir réussi à les allumer : il y a tant d'humidité sur un bateau.

Si j'en parle, c'est aussi parce que les paquets restés intacts, il y en a toujours, ont beaucoup de succès auprès de mes amis. « On va fumer des clopes qui ont fait le tour du monde ! » disent-ils en rigolant. J'ai même eu l'idée de les vendre au profit d'une association de lutte contre le tabagisme. Pourquoi mes rituels bizarres de course ne profiteraient-ils pas aussi à d'autres ? Au prochain Vendée Globe, il faudra que je prenne plus de paquets à vendre aux enchères.

À suivre sur mesclopesdutourdumonde.com ou #lesclopesdarnaud.

La grotte

Je connais une femme qui a une curieuse habitude de vie pour une terrienne. Elle est à la fois une solitaire invétérée, s'isolant dès qu'elle le peut pour lire ou rêvasser, tout en ne supportant pas d'être coupée du monde. Son comportement m'évoque celui des marins, mélange de sociabilité et d'un goût prononcé pour la solitude.

Ses manières pourraient presque s'inspirer de celles des marins dans la gestion de leur intérieur pendant les courses. Malgré tous les efforts de rangement entrepris, il arrive toujours un moment où la cabine du bateau se transforme en caverne, comme une grotte un peu bordélique, reflet des préoccupations du seul occupant, avec la cuisine à moitié par terre, si l'on peut parler de cuisine, où tout se trouve à portée de main, surtout le sac journalier de nourriture. Attention à ne pas le perdre de vue, celui-là ! Ce n'est plus un bateau, mais un antre préhistorique.

La grotte est un point commun, peut-être un pont terre-mer. « Je suis dans ma grotte en ce moment », a coutume de prévenir la jeune femme quand elle entame une période de retraite ou s'installe dans une location, à proximité prudente des autres vacanciers, qu'elle reverra avec plaisir une fois son périple intérieur achevé. Sur un navire, après plusieurs semaines de mer, la grotte est un peu du même tonneau : une évidence comparable, attitude et effet identiques, même appétence pour la solitude.

Allez comprendre pourquoi ce besoin primitif est si fort.

L'âme des livres

Je leur trouve une présence indispensable dans une maison et encore plus sur un bateau de course. Je les considère comme des cartes marines qui se transmettent à ceux qui en ont besoin. C'est une habitude que j'ai de prêter les livres que j'ai aimés, en y écrivant un petit mot. Mon père aussi est un adepte de la dédicace – « à mon fils, affectueusement » –, sur les pages du début d'ouvrages qu'il me glisse avant que je ne prenne la mer. Je crois que c'est lui qui m'avait offert, au départ d'un Vendée, *L'Art de perdre*, d'Alice Zeniter : l'histoire d'une famille kabyle entre la France et l'Algérie, un récit lui évoquant ses origines pieds-noirs.

Mais quel lien existe-t-il entre ces textes : *Le Petit Livre de James Bond*, de Philippe Lombard, *Le Messie de Dune*, de Frank Herbert, un de mes favoris quand j'étais gamin, *The Old Man and the Sea*, d'Ernest Hemingway, *Une vie française*, de Jean-Paul Dubois ou *Séquoias*, relatant sous la plume de Michel Moutot les aventures de baleiniers devenus chercheurs d'or ? Quel rapport entre *Magellan* de Stefan Zweig et *Oro* de Cizia Zykë, auteur hors normes et amateur de mines d'or au Costa Rica ?

Tous ces titres ont été lus en mer durant des courses au long cours. Les compétitions plus rapides, Transat

Jacques-Vabre ou apparentée, laissent peu de temps pour la lecture. En revanche, les tours du monde en solitaire, oui, les livres y ont toute leur place. Je ne partirais pas sans eux. Ils me sont aussi nécessaires que les citations, que je n'oublie pas d'embarquer à portée de vue, parfois sur de simples Post-It. Après des dizaines de jours en mer, lire une phrase de Kessel – « On peut toujours plus que ce que l'on croit pouvoir » – ou quelques mots de Tabarly installés dans le cockpit – « Baisser les bras dans une compétition sous prétexte qu'on ne peut terminer premier est incompatible avec l'esprit du sport » –, est un bon moyen de ne pas perdre le cap quand les difficultés se sont incrustées à votre bord. Les livres ont la même importance. Ils aident à décompresser. Quelques pages suffisent à me changer les idées. Essai, roman, nouvelle, polar, science-fiction, il n'y a que l'embarras du choix. Mais ce sont les autres qui décident à ma place. Les livres embarqués sont des cadeaux signés. Mes proches influencent ma lecture, ils ont pensé aux circonstances dans lesquelles je les découvrirais. Cela donne une âme aux livres. D'ailleurs, je me pose encore la question des raisons qui les ont poussés à me faire découvrir *Into the Wild*, de Jon Krakauer : l'histoire vraie d'un jeune homme fasciné par une forme de décroissance, un périple dans la nature qui lui sera finalement fatal.

J'avais beaucoup aimé, excepté l'avertissement subliminal qui s'en dégageait, sur les risques des aventures extrêmes. En pleine mer, j'y étais déjà habitué.

Joyeuses fêtes !

Le 24 décembre d'un Vendée Globe, les IMOCA sont *grosso modo* à mi-parcours de leur tour du monde. Souvent, j'en profite pour me déguiser en Père Noël. Je ne suis pas le seul. Une fois, entre skippers, pendant la course, il y a même eu un concours du meilleur Père Noël. J'étais monté sur le podium à cause d'une vidéo où je me filmais avec une grosse barbe à l'avant du bateau, aussitôt aspergé de la tête aux pieds par une vague, une sacrée rincette qui avait beaucoup fait rire mes concurrents.

Je ne suis pas triste d'être seul pendant les fêtes. Il ne manquerait plus que ça, que je ne sois pas content de courir un Vendée Globe après avoir passé tant de temps à le préparer. Alors j'en profite, je fais la fête. Je pense à mes proches à terre. J'ouvre mes cadeaux. Ils ouvrent les leurs. Les plus simples sont souvent les meilleurs, un dessin de mes enfants, un livre de mon père dédicacé, de la nourriture, le foie gras de ma mère, des minipots de Nutella de ma sœur, auxquels j'essaye de résister pour ne pas les finir dans la nuit (gare à l'indigestion). C'est Byzance, après un mois et demi au large.

Les fêtes de fin d'année sont aussi une intense période de communication. Souvent les médias se rappellent qu'il y a une bande de zigotos en train de faire un tour du monde et que cela pourrait peut-être faire un bon sujet. La traversée des mers du Sud sous les auspices du Père Noël leur donne des idées d'interview. Comment peut-on ouvrir une mignonnette de champagne dans un bateau surfant sur les énormes vagues du Sud ? Le bonnet de Père Noël est-il utile pendant les manœuvres ? Sérieux ou non, sportifs ou burlesques, les sujets ne manquent pas.

Le jour J, je parle à ma famille, on se voit en visioconférence. La première fois, ma mère, qui avait quatre-vingts ans, me montrait son oreille. Aux éditions suivantes du Vendée Globe, elle maîtrisait mieux le principe et je voyais son visage. Entre-temps, mes sœurs lui avaient expliqué comment fonctionnait le mobile.

Effectivement, je suis seul en mer le jour de Noël et du Nouvel An, mais ce n'est pas triste du tout. Des messages et des vidéos d'encouragement sur les messageries m'accompagnent tout au long des deux soirées. L'unique bémol est l'impact des fêtes sur mes rituels de navigation. Tandis que je m'efforce de maintenir un train-train régulier en maintenant le plus d'habitudes possible, les fêtes de fin d'année bousculent mon rythme. Normalement, les routines[1] ne supportent que des perturbations en rapport avec la compétition, une manœuvre à faire ou la météo à analyser avant un changement d'itinéraire. Noël et le Nouvel An sont des événements extérieurs à la course, heureux mais perturbants pour la concentration. Je les apprécie comme je les redoute un peu, hésitant toutefois à enlever en janvier les décorations du carré, les guirlandes, les autocollants. Sans doute parce que je fais la même chose sur terre et que j'aime bien conserver une trace de ces passages d'une année à l'autre.

---

1. Cf. *Vite, un p'tit dodo.*

Dimanche, c'est bourguignon

Bourguignon, ce n'est pas toujours le dimanche. Le menu suit plutôt l'endroit du globe où se trouve le bateau. Les plats les plus consistants sont réservés aux mers les plus agitées, quand les dépressions jouent aux montagnes russes. Les mers du Sud ont le sang chaud, elles aiment jouer avec les nerfs des marins. Et les creux de six mètres ont l'art de vous donner faim. Ce ne sont pas des batailles qui se mènent le ventre vide. Il faut de l'énergie, plus que d'habitude, pour jouer avec le vent et les déferlantes. Les besoins ne sont pas aussi intenses que pour une compétition de ski de fond, il n'empêche que les solitaires font franchir allégrement aux marins la barre des 3 000 calories, voire un repas de plus par jour. Il faut donc prévoir des réserves roboratives.

Même si en mer je rêve de cuire de vrais œufs au bacon frit, parmi les recettes des vivres lyophilisés embarqués, poisson à la provençale, risotto de poulet, tajine, le sachet de bourguignon arrive presque à la hauteur de mon imaginaire. Le bourguignon me réjouit toujours : le goût des lardons, le fond de veau, sa base d'oignons et de carottes, la touche de céleri, la note de muscade. J'imagine que les cuisiniers ont rajouté quelques carrés de chocolat pendant la cuisson, pour le moelleux. Avec la nourriture lyophilisée, la fantaisie est au pouvoir. Un sachet et dix volumes d'eau plus tard, vous voilà à table au milieu de l'océan et des effluves d'une cuisine gourmande. C'est tout bonnement incroyable.

Pour courir un Vendée Globe, la jauge des réserves atteint environ 200 kg. S'il n'y avait pas les sachets à glisser dans les portions journalières, la navigation serait improbable dans l'espace d'un IMOCA. Imaginez le volume de trois mois de stocks à sécuriser avec les voiles et tout le matériel dans la cale d'un monocoque de 60 pieds. La dessiccation des aliments fait gagner une place précieuse. Sans ce procédé, il serait impossible de s'offrir le plaisir incongru de plats « en vrai ». Car je n'oublie jamais d'emporter quelques bocaux maternels, saucisses et lentilles, confit de canard, pour varier, avec une petite bouteille de bordeaux, une demi, il va sans dire, quand c'est la fête. Dans les quarantièmes rugissants de l'océan Austral ou dans le Pacifique, un bon repas fait toujours la différence.

Lors d'un retour à la Base, la solitaire organisée dans le sillage de la Jacques-Vabre, j'ai ainsi embarqué ananas et avocats, des merveilles d'un marché local de la Martinique de la baie de Fort-de-France, que j'ai laissé gentiment mûrir au fur et à mesure du retour. Après plusieurs jours de navigation, le plaisir d'un ananas parfumé est une expérience aussi incroyable que le spectacle d'une aube se levant en silence dans la nuit noire. En mer, la bonne bouffe est un trésor à ne pas dilapider. Dès les premières bouchées, les souvenirs des amis et de la famille se bousculent en vous réchauffant de leur présence. Ce sont des instants où la solitude lâche l'affaire.

© DR

Virée sur le bassin d'Arcachon en août 1977. À la barre avec papa sur l'Edel IV.

© DR

L'Edel IV.

© DR

Toujours sur l'Edel IV avec ma grand-tante.

© DR

Sur le Kelt familial, été 1987.

© DR

Vers le banc d'Arguin sur l'annexe Bombard du Kelt, été 1988.

© DR

© DR

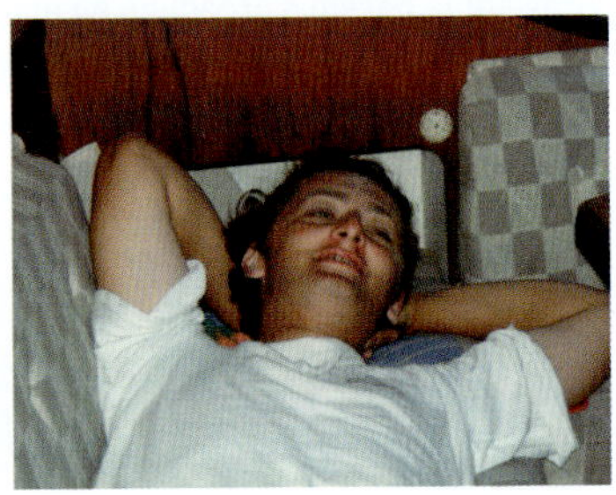

Heureux en mer, été 1991.

Croisière sur le bassin, été 1991.

© DR

© DR

Skipper du catamaran *Frantz III - Kennex 445* de Bernard Mouriau, port du Marin, Martinique, avec ma sœur Delphine, hiver 1997.

Baignade sur le Kelt avec maman, été 1992.

© DR

Sur le même bateau avec maman à Saint-Martin, hiver 1997.

© DR

Départ Mini-Transat à Concarneau, 1999.

© DR

Arrivée Mini-Transat à Basse-Terre, Guadeloupe, le 7 novembre 1999.

© DR

Première mise à l'eau de Diabolo à Port-Camargue, mon Mini 6.50, Méditerranée au printemps 2000.

© DR

Première course de Diabolo, le Triangle du Soleil 2000, au départ de Port-Camargue.

© DR

Interview avant le départ de la Mini-Transat 2001 avec Yves Parlier et le sponsor, Aquarelle.com.

© DR

Départ de La Rochelle de la Mini-Transat 2001 à bord de Diabolo.

© DR

Arrivé troisième de la Mini-Transat 2001, à Salvador de Bahia.

© DR

Après l'arrivée avec Yannick Bestaven, vainqueur, Jeanne Grégoire et Gaël Bigot.

© DR

Remise des prix par Yves Parlier.

© DR

Départ de la Transat AG2R en Figaro, en double, Lorient, avril 2004.

Solune, départ record Tour d'Irlande, 2004.

© DR

© DR

Solune, record Tour d'Irlande, 2004.

© DR

Solune, l'heure du casse-croûte
avec Patrick Tabarly, novembre 2005.

© DR

Solune, baignade en mer,
Transat ARC 2005.

À la barre de Solune dans la tempête, Transat ARC 2005.

© DR

© DR

Solune, faisant à manger en mer.

© DR

© DR

Solune ou comment réparer une barre à roue.

Solune, Fanch montant au mât pour bricoler.

© DR

Solune,
lever de soleil en mer.

© DR

Solune, pas d'alcool en mer, mais apéro en convoyage, Trinidad-Fort Lauderdale, janvier 2006.

© DR

Maman Francine fière de son fils au départ du Vendée Globe 2008-2009.

© DR

Papa Bernard
fier de son fils
avant son premier
Vendée Globe.

© DR

Couleurs en mer,
Vendée Globe
2008-2009.

© DR

© DR

Départ Vendée Globe 2008-2009.

© B. GERGAUD

Arrivée Vendée Globe 2008-2009.

© DR

Je célèbre l'arrivée de mon premier Vendée Globe avec mon fils Hugo.

© B.STICHELBAUT / EFFETS MER

Interview au départ de la Transat Jacques-Vabre 2009.

© DR

En 2009, avec Christophe Chabot, P-DG de Akena Vérandas.

© DR

Test de stabilité Akena 2.

© DR

Transat Jacques-Vabre 2011 avec Gérald Véniard.

© DR

Dématage en mer d'Irlande avec Gérald Véniard, Transat Jacques-Vabre 2011.

© DR

Akena 2, départ Vendée Globe 2012-2013.

Fan-Club familial, arrivée Vendée Globe 2012-2013.

© DR

© DR

Arrivée en limousine à l'Élysée pour être reçu par le président François Hollande, suite au Vendée Globe 2012-2013.

© DR

Gueule de marin 2013.

© C. FAVREAU

Cigare avec Louis Burton, Transat Jacques-Vabre 2013.

© DR

Affiche pour l'arrivée du Vendée Globe 2016-2017 du célèbre lieutenant du Port des Sables.

© B; GERGAUD

Delphine, la plus grande de mes deux sœurs et plus grande supportrice, départ Vendée Globe 2016-2017.

© DR

Passage du cap Horn Vendée Globe 2016-2017.

© DR

Réception à l'Élysée suite au Vendée Globe 2016-2017.

© DR

Mise à l'eau de La Mie Câline 2, en mai, avant le Vendée Globe 2020-2021.

© DR

Ambiance départ pendant le village du Vendée Globe 2020-2021.

© DR

Les bocaux dominicaux de ma mère,
du ravitaillement pour le Vendée Globe.

© DR

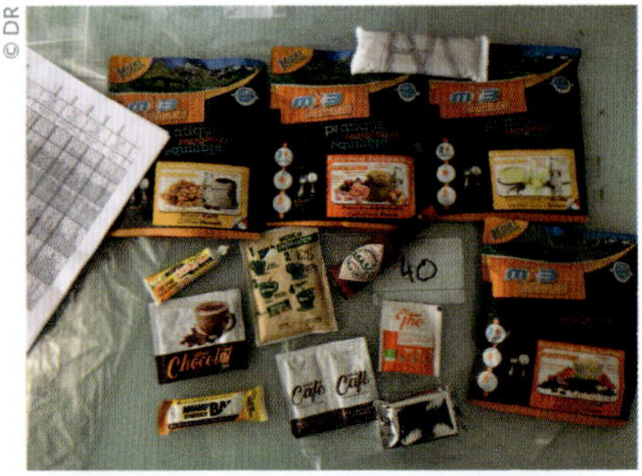

Ravitaillement pour le Vendée Globe,
un sachet type pour une journée.

© DR

Cali et Marie vus par Fris avant le Vendée Globe 2020-2021.

© DR

La carte du Vendée Globe 2004-2005 de Benoît Parnaudeau.

© DR

Profiter : lecture, musique.

© DR

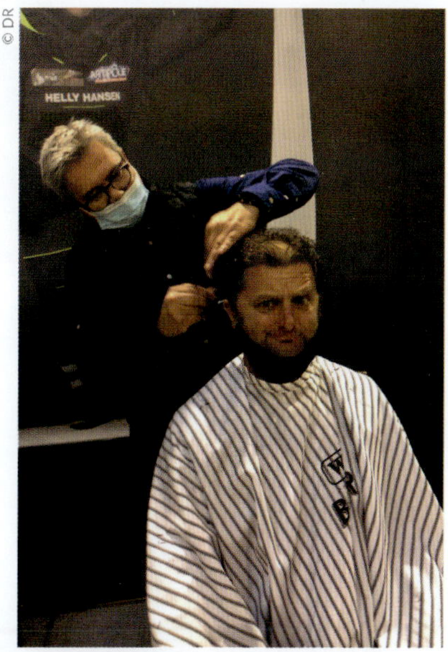

Coupe de cheveux du marin à domicile par l'ami Tétard avant chaque départ du Vendée Globe.

© DR

Avertissement de la direction de course pour être monté au mât sans prévenir, première semaine du Vendée Globe 2020-2021.

© B. GERGAUD

L'équipe quitte le bord, laissant Arnaud seul, Vendée Globe 2020-2021.

© B. GERGAUD

Après avoir débarqué et regardé partir Arnaud autour du monde, toute l'équipe est émue.

© DR

Les questions de Samas Chepang, un orphelin de Katmandou qui découvrait le Vendée Globe en communiquant, lui et ses camarades, avec Arnaud : « Comment vas-tu ? Comment se passe ton voyage ? Quand prend-il fin ? Combien de temps dure-t-il ? »

© DR

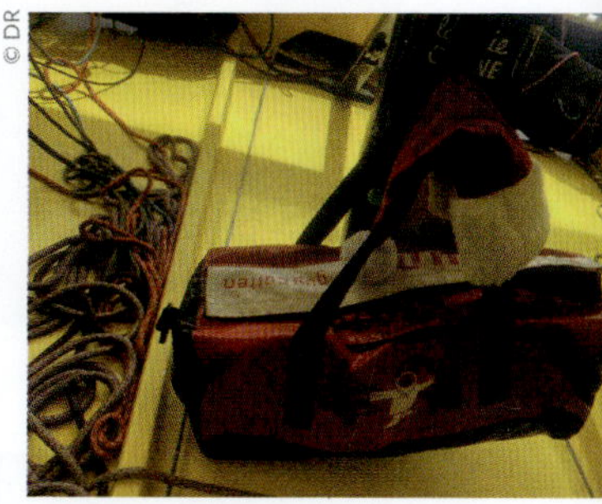

Le sac contenant les cadeaux de Noël, c'est l'heure de l'ouvrir !

© DR

Père Noël à bord.

© DR

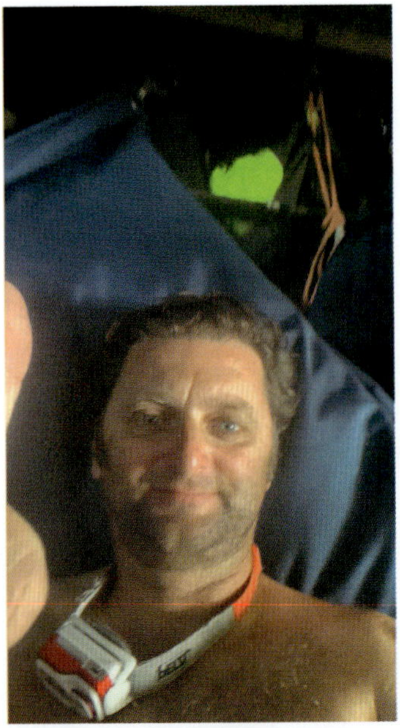

Des petits dodos dans le pouf bleu Artipôle.

© DR

Faire passer des messages à terre.

© DR

Froid des mers du Sud.

© DR

Lumières de tempête dans les mers du Sud.

© DR

Vœux 2021 depuis l'océan Pacifique.

© DR

Hommage à Georges Pernoud décédé le jour de mon passage du cap Horn 2021.

© DR

Passage du cap Horn 2021 après 63 jours et 22 heures de course.

© DR

---------- Forwarded message ---------
De : [redacted]
Date: lun. 11 janv. 2021 à 21:34
Subject: CONGRATULATIONS ON ROUNDING THE HORN
To: [redacted]

International Association of Cape Horners

Patron
HRH The Duke of Edinburgh

President
The Earl of Portsmouth DL

Dear Arnaud,

Many congratulations on "Rounding the Horn" as part of the Vendee Globe Fleet on La Mie Caline - Artisans Artipole

It has been a fantastic race and we all wish you well on the run home.

"Fair winds and following seas".

Kind regards
Ashley Manton
Chairman
IACH
Mobile: [redacted]

www.capehorners.org

Certificat du passage du cap Horn 2021 reçu par l'Association internationale des cap-horniers.

© DR

Terre en vue au large du Brésil, sensation toujours mystique de voir seul des îles inconnues en pleine mer.

© DR

Mise en place de l'éolienne de secours pour produire de l'énergie car le moteur ne fonctionne plus.

© CHRISTOPHE FAVREAU

Traditionnel feu à main pour la remontée du chenal à l'arrivée d'un tour du monde.

© CHRISTOPHE FAVREAU

Suivi du champagne bien sûr !

© DR

Fan-Club familial, arrivée du Vendée Globe 2020-2021.

© DR

Arrivée du Vendée Globe 2020. Marin heureux !

© B. GERGAUD

Retrouvailles avec Marie, Hugo et Léo.

© B. GERGAUD

Arrivée du Vendée Globe 2020-2021 avec mes deux garçons.

© DR

Le Grand-Bornand *for ever*.

© DR

Glisse en cœur en 2021.

© MANU SÉRAZIN

Sur le quai de la Chaume, le recordman de quatre Vendée Globe d'affilée.

© C. FAVREAU

La *team* au départ de la Route du Rhum 2022.

© DR

Avec Bernard Mouriau en Guadeloupe, à l'arrivée de la Route du Rhum 2022.

On montre la quille pour rigoler à l'arrivée de la Bermudes 1000, à Brest, en mai 2023.

© DR

© DR

Conférence sur l'écologie en mer avec Erik Orsenna et des élèves de l'école des Mousses, au musée de la Marine à Brest.

© DR

Run de vitesse en 2023 en rade de Brest, record de La Mie Câline 3 avec trente-cinq nœuds !

© B. GERGAUD

Arrivée à Lorient suite à la solitaire Retour à la Base, décembre 2023.

© DR

Visite d'Ecureuil d'Aquitaine II en chantier aux Sables-d'Olonne avec mon père et mon fils Léo, janvier 2024.

© DR

Avec mon idole, Titouan Lamazou, pour le retour aux Sables d'Ecureuil d'Aquitaine II, en 2023, là où tout a commencé !

Troisième partie

« Houston, on a un problème ! »

Excès de confiance

C'était lors de la deuxième édition de la Vendée Arctique, en 2022, une course annoncée comme une miniature du Vendée Globe, conçue pour aguerrir les marins candidats au tour du monde. Départ des Sables-d'Olonne, direction le Nord, vers l'Islande, à contourner au niveau du cercle polaire, avant de revenir aux Sables en passant une bouée de course imaginaire[1] en Atlantique. Au Nord, ce n'était pas les corons[2] qui nous attendaient, mais des icebergs, des creux de cinq mètres et des rafales d'une cinquantaine de nœuds, le pire des écosystèmes météorologiques que l'on puisse imaginer, toutes les dépressions venues d'Amérique. Les mineurs de fond n'avaient qu'à bien se tenir.

Je n'avais pas encore atteint l'Islande que les organisateurs décidèrent de modifier le parcours en le réduisant. Plus de contournement de l'Islande, mais un demi-tour à la porte de l'île. Une grosse dépression faisait craindre pour les bateaux. Personne n'avait envie d'affronter des vents de cinquante nœuds. Une seule question préoccupait les

---

1. *Waypoint* ou point intermédiaire du trajet d'un voyage.
2. Clin d'œil à la chanson de Pierre Bachelet, *Au Nord, c'étaient les corons.*

skippers : « Euh, par où passe-t-on pour être en sécurité ? » La course devenait presque secondaire.

C'était ma première compétition avec l'IMOCA sur lequel je navigue à l'heure où j'écris ces lignes. Dès le début de cette édition, il y avait eu beaucoup d'incertitude, sur la météo, sur les dangers de la route à suivre, sur la possibilité même du départ. Aucune sérénité sur le ponton. A contrario, j'étais parti avec un trop-plein de confiance dans mes compétences, dans celles de l'équipe, dans le bateau, sans avoir vraiment assez testé l'engin. Après une succession d'« emmerdes », désolé de ma familiarité, mais les conditions de navigation étaient extrêmes, je composais avec deux voiles déchirées, des galets d'enrouleur abîmés, et une météo, déjà sacrément dépressionnaire, qui se dégradait de plus en plus.

La nouvelle ligne d'arrivée, le franchissement de la porte sud-est de l'Islande, avait été décrétée pendant la nuit par les organisateurs au vu des conditions météo. J'étais seulement à quelques miles quand je décidai néanmoins de renoncer à la franchir. Je déclarais forfait. Le bateau avait suffisamment encaissé de coups. Les différents changements de parcours décidés au gré de la force du vent donnaient le sentiment que la course avait perdu de son sens. Je me sentais devenir superstitieux, avec de mauvais pressentiments. Charlie Dalin, le premier à franchir la porte sud-est, fut tout surpris d'apprendre qu'il était le vainqueur, alors qu'il attendait à l'abri dans un fjord la relance de la compétition : « C'est la première fois que j'apprends que je gagne une course en étant au mouillage. »

Pour ma part, c'était fini, je ne voulais pas risquer plus avant le bateau. Je préférais me plier aux exigences de la prudence et ménager les courses à suivre. Malgré ma déception :

le Vendée Arctique était une course qualificative en préparation du Vendée Globe. Néanmoins, je payais d'un abandon mon excès de confiance, une blessure personnelle que je n'ai pas oubliée. Elle m'a appris que le projet est de naviguer en haute mer sur un bateau de course. Le reste, ma foi, peut bien attendre.

Cap Horn et mers du Sud

Les premières fois sont uniques, paraît-il. Je le croyais bien volontiers, avant de découvrir le pot aux roses. De tous les Vendée Globe que j'ai pu courir, pas un seul ne m'a semblé répétitif, tous étaient riches de premières fois. Pas une édition n'a été comparable à une autre. Dès la première course, l'expérience que j'en avais retirée aurait pu me laisser croire pour la deuxième, la troisième ou la quatrième, que je bénéficiais d'un avantage, la connaissance de situations déjà vécues. Mais non. L'océan n'aime pas les répétitions. Aucune traversée à la voile ne se ressemble. Naviguer place le marin dans une attention, une curiosité des signes. Nul ne sait d'où viendra la prochaine risée. Se tenir prêt est la règle, le vent étant capricieux, comme la météo.

Lors de l'édition 2008-2009, à l'approche du cap Horn, les nouvelles étaient mauvaises. Sur terre, les équipes s'agitaient, alertant les bateaux qu'une tempête jamais vue se préparait à les agripper avec toute la force que ces régions du monde savent donner à leur réputation de cimetière de navires. C'était un tourbillon de panique. Les avertissements s'empilaient dans nos messageries, distillant leur inquiétude : « C'est énorme ! Ça va tabasser grave ! Jamais vu un truc aussi dingue ! » Tous les aventuriers du Vendée étaient sur le pont à rêver de vagues géantes et de tourbillons foudroyants. Un cap Horn d'anthologie. L'âme de la course soufflait sur les esprits des marins restés à terre, qui galopaient à bride abattue. Sur l'eau, l'ambiance était plus mitigée. J'avais réussi à garder la tête à peu près froide en restant concentré sur le bateau et les éléments qui menaçaient. Je portais une combinaison sèche, très utile pour ne pas être trempé. La houle faisait monter la tension. Bien que le bateau ne s'en sorte pas trop mal, et que j'aie été relativement épargné physiquement, croyais-je, je m'efforçais de ne pas me laisser toucher par ce climat anxiogène.

La tempête prenait de la puissance.

De plus en plus démontée, la mer jouait avec le navire, c'est-à-dire qu'il était impossible de se faire chauffer de l'eau pour un café. Était-ce le moment d'en prendre un ? Plus que jamais. Je devais impérativement rester éveillé. Dehors soufflaient des rafales de cinquante nœuds. Pour ce faire, j'avais une astuce. J'avalais des dosettes de café soluble et je prenais un verre d'eau pour me doper à la caféine et rester debout en cas de danger. Une dosette, deux dosettes. Le sommeil refluait, les vagues continuaient à recouvrir le navire.

À l'abri dans le cockpit, le bruit de l'apocalypse en musique de fond, je finis par m'endormir malgré tout, d'un coup, subitement assommé de toutes les fatigues repoussées. Le déluge, le danger, oui, oui, demain, demain. Je sombrais dans le plus étrange état de sommeil que je n'ai jamais connu. Cramponné à ce que je pouvais tout autour de moi, mon corps se mit en veille sans crier gare. Je m'endormis comme un bébé.

Ai-je sommeillé quelques minutes ? Un quart d'heure ? Impossible à dire. Le cap Horn avait suspendu le temps, les intempéries pris en charge le bateau. Au réveil, tranchant et brutal, j'eus un instant de panique. Je ne savais plus où j'étais. Saisi par la claustrophobie, je me suis rué à l'extérieur et j'ai pris une énorme vague sur la tête. Un ciel charbonneux laissait filtrer quelques rayons de soleil. En fait, je ne crois pas que le soleil ait réussi à percer les nuages sinon dans mes souvenirs. Le ciel gris de la tempête irradiait, contrastant avec l'écume des déferlantes. Ce dont je suis certain après la vague est d'avoir éprouvé une sorte de béatitude. Un enfant dans un magasin de jouets. Exténué, au lieu de m'inquiéter des conditions de navigation effroyables, j'ai regardé l'océan, heureux, comblé, réalisant le miracle de cet instant magique. Un vrai gosse !

C'est dans les mers du Sud, une édition du Vendée Globe plus tard, c'est-à-dire en 2012-2013, que j'ai retrouvé cet état de béatitude. Les mêmes ingrédients paradoxaux de crise et de jubilation. À la sortie de l'océan Indien, une grosse dépression me talonnait, sans pour autant me marcher complètement dessus. Les grains, la grêle et la neige s'apprêtaient à s'en mêler. Vu la réputation de l'endroit, je pouvais craindre le pire. Mais parfois ces moments de grosses complications sont aussi des moments de beauté. La mer a beau commencer à s'agiter dans son lit, il arrive que le bateau file sur les vagues à toute vitesse et vous voilà véloce sur un océan aux petits soins.

C'était mon cas à l'approche du cap Horn. Les îles et les icebergs au rendez-vous, la visibilité faible, sur l'écran de mon moniteur je voyais le bateau de Javier Sansó, un point rouge à l'horizon. J'allais si bon train que j'étais en train de le doubler, sans foil. J'attaquais de plus belle, ne forçant pas, en phase avec la météo et la mer. L'analyse statistique pointera le quatrième meilleur temps sur la zone, devant Alex Thomson et après François Gabart. J'avais de quoi être fier. Je ne l'étais pas, je profitais juste du bateau dans les vagues, essayant de maintenir l'allure. La bataille avec Javier, qu'il remporta, dura jusqu'aux Malouines. L'ordre des choses reprenait ses droits, la plus-value des foils surtout. Reste le souvenir d'un cadeau, minutes rares d'une grande intensité.

Nuit sur l'océan

Oceano nox[1], selon le poème de Victor Hugo. Qui ne se souvient des premiers alexandrins ?

> *Oh ! Combien de marins, combien de capitaines*
> *Qui sont partis joyeux pour des courses lointaines,*
> *Dans ce morne horizon se sont évanouis !*

La suite, tout aussi lyrique, hommage aux péris en mer et fatalité de l'oubli, est poignante. Ce titre, extrait d'un vers de Virgile[2] – *et ruit oceano nox*, « et la nuit s'élance de l'océan » –, évoque une mer dangereuse, dévoratrice, dans laquelle je ne me reconnais pas. C'est peut-être à cause de l'avertissement que je me suis souvenu de l'existence de ce monument de mes années collège, encore elles.

Bien que ses dangers me soient connus, je n'ai pas ce rapport à la mer. Les menaces que j'ai vécues sur l'océan sont les indispensables compagnes d'une vie de marin. Sans elles, je me sentirais orphelin. Elles sont le signe que je parcours encore le monde. On ne peut pas toujours naviguer

---

1. Victor Hugo, *Les Rayons et les ombres*, 1836.
2. Auteur de l'*Énéide*.

au portant des alizés sur une mer d'huile après avoir mangé du poisson et des crevettes de la pêche du jour. Tabarly préconisait de s'entraîner aux conditions extrêmes. Durant des séjours en montagne, il skiait en short pour s'aguerrir et dormait la fenêtre ouverte. À l'époque, ça surprenait. Aujourd'hui, plus personne ne s'étonne de voir un sportif se glisser dans un bac d'eau rempli de glaçons ou passer du temps dans une chambre froide.

Je suis de cette école.

Pas au point de m'entraîner dans une chambre froide, non, mais d'engranger de l'expérience, oui, dès que je le peux. Les transats et les courses compliquées m'attirent. Elles m'ont appris à affronter les situations périlleuses. Ce sont des compétitions, comme l'était le tour des îles Britanniques en partant de l'île de Wight, antichambre du Vendée Globe. Nous prenions le départ dans le froid. La visibilité était souvent mauvaise – en tout cas, après trois participations, avant que cette course ne disparaisse, je n'ai pas de souvenir d'un horizon dégagé. Ciel plombé et coups de vent étaient fréquents. Tous les bateaux devaient remonter vers le nord dans une mer difficile, en slalomant entre les plateformes pétrolières, les bateaux de transport et les récifs. Une course robuste, comme je les aime. Peu connue mais très formatrice.

Une femme à la mer !

Que l'on soit superstitieux ou non, à bord, il n'est pas question de prononcer le nom du cousin du lièvre. C'est comme ça depuis que des lapins, embarqués vivants comme provision, se sont échappés de leur cage en osier et ont rongé le chanvre des cordages et l'étoupe des calfatages, créant toutes sortes d'ennuis jusqu'à naufrager les navires. Dans le même registre irrationnel, nombreux sont ceux qui se gardent d'appareiller le vendredi. Un vieux réflexe de marin, de l'époque où la paye distribuée le jeudi avait tendance à être dépensée au bistrot le soir, rendant bons à rien les équipages le lendemain. Personnellement, je n'ai pas de réticence à appareiller le vendredi. Mais, lorsque je naviguais sur le bateau d'Olivier de Kersauson, Geronimo, j'avais remarqué que nous attendions le samedi pour prendre la mer.

De toute façon, la superstition n'est pas avare de variantes, les miennes incluses. Par mesure de précaution, car le tempérament des vents et le danger des flots travaillent les caractères, les marins n'ont pas manqué de bricoler tout un arsenal de croyances pour contrer les coups du sort qui ont envoyé tant des leurs par le fond. Sait-on jamais ce que la mer vous réserve ? Il s'agit de règles non écrites où la raison se dispute avec l'absurde, mais, à tout hasard, autant les suivre.

Certains déconseillent de siffler à bord : les aigus appellent les tempêtes – peut-être la réponse du vent à l'appel du sifflement. D'autres considèrent que les mouettes portent l'âme des disparus en mer et ne manquent pas de les saluer lorsqu'elles volent le long de leur navire. Au fond, la boîte à contre-sort est une hotte magique jamais regardante, ses malices sont innombrables.

Comme Samantha Davies, j'aime pouvoir toucher du bois. Il y en a sur la barre de La Mie Câline. Et un peu comme tous les voileux, j'ai un goût pour le numéro de mes bateaux. J'avais le 222 lors de la première Mini-Transat, puis le 303, un 6.50 construit à la *mano*. Aujourd'hui, mon chiffre fétiche est le 14, celui des IMOCA de mes Vendée Globe. J'y tiens. Il me fait penser au jour où j'ai signé le contrat de partenariat du premier Vendée, un 14 février, pour un 60 pieds numéroté 14. Le début d'une aventure toujours sur le pont.

Sur le moment, trop absorbé par le bateau, je ne prêtais pas attention à ce folklore maritime. J'en respectais les règles par politesse vis-à-vis de mes prédécesseurs. Devenues des habitudes, elles me firent comprendre pourquoi les Anglais parlaient de leur voilier à la troisième personne du féminin, *she*. Quand on passe des jours et des nuits à le préparer à vous recevoir, à le bricoler dès qu'une heure de libre se présente, à le fignoler dans les détails, une relation se noue, sur un plan quasi amoureux. Ce n'est plus un bateau auquel vous parlez, c'est une personne. Une fois en mer, c'est encore plus intense, presque intime. Plus de trois mois sur l'eau, ça vous façonne un caractère. Vous êtes en osmose avec votre machine, qui mène la danse car elle est aussi une maîtresse exigeante, et jalouse, paraît-il.

L'ancien temps est riche de ces archaïsmes associant les ennuis à la présence d'une femme sur un bateau en mer, l'une réveillant la jalousie de l'autre, toutes deux se disputant le marin. L'océan est aussi capable de déclencher des tempêtes pour obtenir gain de cause. Il n'empêche, les superstitions ont la vie dure et les femmes ont mis du temps avant de pouvoir prendre place à bord, au même titre que les hommes. 1978 pour la première Route du Rhum de Florence Arthaud, avant qu'elle ne la gagne douze ans plus tard, en 1990, suivie par Isabelle Autissier, en 1991, première femme à boucler un tour du monde.

Heureusement, je n'ai pas ce problème de superstitions avec Marie. La mer fait partie de sa vie et je fais partie de la sienne. Au départ du Vendée Globe 2020-2021, elle était la dernière à bord à me dire son attachement, avant de sauter à l'eau en me confiant à l'autre, La Mie Câline, que je croyais avoir suffisamment préparée jusqu'à ce que ce que le *hook* du *gennaker* m'oblige à des réparations laborieuses. Ma femme s'étant tout de même jetée à l'eau, les réparations faites, tout fut pardonné par le bateau et je pus repartir.

Je ne suis pas un marin

La mer se moque de vos états d'âme. Elle n'a que faire des questions existentielles sur votre patronyme, l'erreur d'un employé de mairie, à la naissance de votre grand-père, qui s'enthousiasma un peu trop en rajoutant un « s » à votre nom, absent à l'origine. La mer est indifférente à ce genre de détail, qui me priva du plaisir gamin de porter le nom d'une station de métro parisienne, Boissière, sans « s », ce qui n'avait en soi aucune importance, le bassin d'Arcachon et la côte vendéenne m'allant bien mieux que la capitale.

L'océan ignore tout de votre vie et réciproquement. Son existence est un mystère jamais vraiment élucidé. À ses yeux, que vous soyez marin ou entrepreneur, la différence est mince. Après tout, si vous êtes là, en train de penser à votre copain Yaya[1] répondant au président de la République, après sa victoire du Vendée Globe en 2020-2021, sur la création d'un statut de marin pour les compétiteurs de voile, tandis que vous étiez encore à batailler sur l'eau, c'est votre problème, pas celui de l'océan. Peu lui importe que l'administration française ne vous reconnaisse pas marin, que les skippers

1. Yannick Bestaven.

des grandes courses soient les oubliés réglementaires des Affaires maritimes.

En effet, à part la Marine nationale, composante des Forces armées, la réglementation française (secrétariat d'État de la mer et de la biodiversité) retient quatre « espèces » de marins : le marin de commerce, le marin pêcheur, le marin de plaisance professionnelle et enfin celui des cultures maritimes. Les Affaires maritimes ne laissent aucune place, dans cette catégorisation, aux navigateurs des courses en mer. La portée de cette reconnaissance serait sans doute symbolique, mais j'y attache un prix. Marin, je me sentirais officiellement reconnu, appartenant enfin à ces lignées de gens de mer, inscrits maritimes (je sais, on ne dit plus ça, mais j'aime bien la formule) depuis la création de l'inscription maritime en 1795, qui était l'administration chargée de dénombrer les navigants professionnels. La Révolution française poursuivait ainsi le recensement de ces hommes appelés à servir sur les bateaux du roi.

Pourtant, j'ai bien été marin pour de vrai pendant quelques années, officiellement en quelque sorte, il y a longtemps. J'avais quitté mes études de géographie à la faculté de Bordeaux pour m'inscrire dans une école, à Ciboure, pas loin de Guéthary, dans le Pays basque. Je souhaitais passer le diplôme de skippeur professionnel. Le virus du grand large m'avait embarqué à son bord et j'étais prêt à tout. Pour payer mes études, j'avais pris un travail dans un chantier naval. J'y passais quelques mois avec un copain d'Arcachon, Jean-Marie Dauris, qui rejoindra l'équipe de voile des Jeux olympiques de Sydney, en 2000, participera trois fois à la Coupe de l'America, à d'innombrables régates et à plein d'autres courses.

Un soir, en buvant un pot dans un restaurant où nous avions nos habitudes, je sympathisai avec le patron, Bernard Mouriau, un homme entier à l'allure de biker, un grand costaud avec des rouflaquettes, surnommé « Pleins Gaz » parce que toujours à fond, qui avait été le garde du corps de Johnny Hallyday. Il venait d'acheter un catamaran de croisière et cherchait un skipper. Je n'avais pas terminé mon cycle d'études, mais il s'en moquait, la confiance lui suffisait. Il m'embaucha d'une poignée de main pour tenir la barre du nouveau bateau, faire du charter[2]. C'était le genre de bonhomme à donner sa chance à l'instinct. Sur son catamaran, je lui dois mes trois premières transatlantiques et une solide amitié. Pour l'administration, ce fut la seule fois où j'ai eu officiellement le statut de marin.

Depuis, je navigue toujours, Boissière avec un « s », entrepreneur d'un prototype de 60 pieds, parfois Calimero ou Arnaud Brassière, parce que, en mer, une brassière c'est important, surtout quand vous êtes tombé à l'eau, avec ou sans « s ». Mais de marin, point. Je vais devoir encore patienter avant d'être intronisé.

Peut-être à mon prochain tour du monde ?

---

2. Cf. *Charter & Cie*.

Article 69

Parmi les règles de course révisées et publiées tous les quatre ans par World Sailing, l'autorité internationale au sein de laquelle siège la Fédération française de voile, il y a des évidences qui ne s'oublient pas, ni en mer ni à terre, contribuant à la définition de la sportivité de la voile et à son aura. L'article sécurité du premier chapitre, fondamentale, en fait partie : « Aider ceux qui sont en danger – Un bateau, un concurrent ou un accompagnateur doit apporter toute l'aide possible à toute personne ou navire en danger[1]. »

S'ensuit une longue liste de recommandations à la rigueur inflexible tout en étant curieusement révisables, puisque ces « Règles Grande Vitesse », approuvées par World Sailing, le sont en tant que « règles expérimentales ». Des usages inflexibles comme un règlement, mais pas vraiment assurées de leur pertinence parce qu'encore en phase de test. Un paradoxe comme seule une autorité de régulation est capable d'en produire.

Ainsi, dans ce strict cadre aux évolutions discrétionnaires, un concurrent est « une personne qui participe ou

---

1. Fédération française de voile, *Les Règles de course à la voile 2021-2024*, Édition des Règles Grande Vitesse, Version 1.1, World Sailing limited, janvier 2021.

qui a l'intention de participer à l'épreuve ou le skipper, l'équipe ou le bateau selon ce qui est approprié ». Ce qui fait beaucoup de concurrents ayant potentiellement la disposition d'esprit, en leur for intérieur, à savoir l'intention, consciente ou non, de participer à des épreuves de voile. Professionnels, amateurs, néophytes, les candidats sont nombreux à rêver d'aventure à la voile.

Ce flou en matière de définition est à peu près similaire à celui affiché par l'article soixante-neuf de la section intitulée « mauvaise conduite ». Le premier point précise une « obligation de ne pas avoir une mauvaise conduite, [...] enfreignant les bonnes manières, le bon esprit sportif ou un comportement contraire à l'éthique ; ou une conduite qui pourrait jeter le discrédit sur le sport ». Les bonnes manières étant aussi variées que le sont les cultures, ce libellé laisse dubitatif, susceptible de jugements hâtifs laissés à la seule appréciation des mêmes qui tentent à chaque course de distinguer les vrais concurrents des concurrents aux intentions non encore déclarées, tels que décrit dans leur propre règlement.

À réécrire ? Et pourquoi pas ?

La mer n'est pas une poubelle

Les archéologues subaquatiques sont formels, une bouteille en plastique jetée au large met entre quatre cents et quatre cent cinquante années à se décomposer. Il y a trente ans, l'information ne nous était pas encore vraiment arrivée. Les plaisanciers jetaient avec naturel des boîtes de conserve en disant : « Ça fera des cabanes pour les poissons ! » Nous étions peu perméables aux sujets de l'environnement. Ou un peu sourds de la feuille. Le rôle joué par l'océan dans la régulation du climat n'était connu que des spécialistes. Peu d'entre nous se doutaient de son importance, de ses capacités à stocker la chaleur du soleil en la redistribuant grâce aux courants marins, sans oublier le trop-plein accumulé dans l'atmosphère à cause des gaz à effet de serre.

Parmi les rares esprits conscients de ces enjeux, il y avait la navigatrice Isabelle Autissier, la première femme à effectuer un tour du monde en solitaire, en 1991, année où elle fonde avec trois autres marins[1] l'association IMOCA, chargée de la gestion de la classe des 60 pieds *open*. En 1996, associée à Nicolas Hulot, cette pionnière parraina l'opération « La mer n'est pas une poubelle », de l'aquarium de La Rochelle,

1. Christophe Auguin, Alain Gautier et Jean-Luc Van Den Heede.

la même année que la troisième édition du Vendée[2]. Lors de sa participation, elle se déroute en pleine tempête après son abandon pour essayer de sauver le navigateur Gerry Roufs, disparu et jamais retrouvé. Avant le départ, dans la continuité de son action de sensibilisation aux dangers de la pollution, elle avait signé une charte de l'environnement qui l'engageait « à ne pas jeter de déchets polluants en mer » et incitait le public à faire de même. Son idée était d'éveiller le plus grand nombre à ces questions, que tous comprennent que la mer n'avait plus la capacité d'absorber nos déchets. Elle misait sur l'éducation.

Personnellement, je n'ai jamais aimé jeter des détritus à l'eau, même une peau de banane à proximité des côtes. Je me dis qu'elle va terminer sur la plage et ça me dérange, biodégradable ou non. Lors de mon premier Vendée Globe en 2008-2009, j'avais effectué un état des lieux « avant-après » – stock de nourriture embarqué, fuel, etc. –, sur ce qui avait disparu et ce qui restait. En 2008, les skippers devaient signer un engagement sur l'honneur de ne rien jeter de nuisible à l'océan. Des sanctions étaient prévues en cas d'infraction. Lentement, des initiatives en faveur de l'environnement ont vu le jour. Lors de l'édition 2020-2021, je comptais six poubelles pour 94 jours, 18 heures, 36 minutes et 6 secondes de mer, ce qui est ridicule en comparaison de ce que l'on jette à terre. Imaginez le volume de trois mois de poubelles.

Pour les navigateurs, la prise de conscience a été un peu plus précoce que celle du grand public. La pollution est une réalité qui saute à la gorge. Dans la Manche, malgré

2. Édition du Vendée Globe de 1996-1997. 15 bateaux au départ, 6 à l'arrivée.

l'interdiction pour les pétroliers de dégazer, on croise sans cesse des nappes d'hydrocarbures déversées après le rinçage sauvage des cuves à l'eau de mer. Ce ne sont pas les plaisanciers les gros pollueurs, mais tous les paquebots-transporteurs qui préfèrent balancer leur poubelle par-dessus bord plutôt que de respecter les règles. Et ils sont encore trop nombreux à le faire. Au large des côtes du Brésil, c'est inimaginable le nombre de cochonneries qui flottent entre deux eaux. Tous les océans sont touchés par cette peste.

Lorsqu'on aperçoit au loin quelque chose, normalement on se réjouit : est-ce une baleine en vadrouille, un dauphin ou une tortue ? Jusqu'au moment où on se retrouve, cas de figure très fréquent, nez à nez avec un tas de plastique. J'ai beau le savoir, ça me met dans des colères, aussi fortes que les sentiments décuplés en mer le permettent.

Mobilisation

Les balises jetées à la mer par les skippers du Vendée Globe sont indispensables aux études des chercheurs de l'Ifremer (Institut français de recherche pour l'exploitation de la mer) sur la pression atmosphérique, les fonds, les courants, la biodiversité, la fonte des glaces, toutes sortes de variables riches d'enseignement et suivies à distance. Il y a quelques années, pour rendre service, je le faisais sans trop me poser de questions sur leur importance, avec toujours un peu de réticence à passer par-dessus bord des engins qui ne risquaient pas de s'évaporer dans la nature. Jusqu'à ce que j'entende, de retour d'un Vendée Globe, l'écrivain Erik Orsenna, invité à une conférence organisée par l'Ifremer au musée de la Marine, à Brest, vanter nos mérites dans un discours en l'honneur de la sauvegarde de la mer, je ne mesurais pas bien leur rôle. Nous étions quelques skippers à écouter ce parrain d'une promotion de l'école des mousses, auteur avec Isabelle Autissier de *Passer par le Nord*[1] et *Salut au grand Sud*[2], déclarer sans aucun effet de manche – il n'y avait pas de presse, que des gens de la mer –, que nous étions des

---

1. Isabelle Autissier et Erik Orsenna, *Passer par le Nord*, Paulsen, 2014.

2. Isabelle Autissier et Erik Orsenna, *Salut au grand Sud*, Payot, 2006.

« héros du savoir », des « chevaliers du possible », parce que nos tours du monde enrichissent la science de ce que nous avons vu et aussi ignoré mais enregistré, grâce aux balises déposées au milieu d'océans désertés par les hommes.

J'appréciais l'humour du bonhomme. Dans un même élan d'enthousiasme, il nous consacrait chevaliers et héros en nous expliquant que nous avions une importance pour la sauvegarde de la planète, même aveugle, en ne voyant rien de ce qui était utile aux scientifiques, parce que nous acceptions de placer des balises en mer. Car une des seules sources d'information en France pour les chercheurs provient de deux navires, le Pourquoi pas et le Marion Dufrêne. Ce dernier, ravitailleur des Terres australes et antarctiques françaises, avait secouru Bernard Stamm en 2008, et, en 2012, dans les quarantièmes sud, Kito de Pavant. Le skipper français avait été à deux doigts de couler avec son IMOCA, Bastide Otio, après avoir percuté un objet flottant non identifié – la quille pendait sous le bateau – dans une mer agitée par quarante nœuds de vent.

Il était convaincant, Erik Orsenna, pas seulement en nous distribuant, avec sincérité je pense, des images flatteuses dans une ratatouille écologique qui nous faisait sourire, mais en détaillant les devoirs que nous contractions en ayant la chance extraordinaire de nous retrouver dans les mers du Sud, à franchir le cap Horn, si proche d'une nature vierge de toute présence humaine, de toute pollution. Il avait raison.

Naviguer dans les mers du Sud est étourdissant, savoir que la mer nous a finalement laissés passer, alors que, 300 jours sur 365, elle tempête à n'en plus finir. En tant que skipper, nous sommes bien au début d'une chaîne d'information qu'il faut alimenter pour sauvegarder la santé des océans et leur biodiversité. Une question d'éthique. La science participative n'est pas une formule de plus dans un discours, mais une réalité à faire vivre en s'engageant. À chacun de contribuer à sa mesure.

Un message que je ne suis pas près d'oublier.

Quatrième partie

Famille de terre, famille de mer

Sponsor ou partenaire ?

Le second terme me convient mieux. Une question de lexique et de définition. Je préfère m'associer à un partenaire avec lequel j'ai quelque chose en commun que de négocier un simple soutien financier contre de la notoriété. La notoriété, ça va, ça vient, tandis que se présenter sur une ligne de départ avec les capacités de concourir, c'est une autre limonade. Que ce soit pour une course ou pour plusieurs, les moyens à mobiliser vont bien au-delà de l'enjeu financier. Bien sûr qu'un budget voilerie adapté aux circonstances est plus confortable pour remplacer une voile déchirée en temps et en heure, plutôt que de devoir réviser à l'improviste un plan de dépenses en taillant dans les autres postes. Là où un sponsor s'en tient généralement aux termes du contrat, un partenaire réagit en équipier. Sur le bateau, une voie d'eau ou une avarie le mobilise autant que n'importe quel autre membre de l'équipe. Lorsqu'un sponsor se focalise sur l'impact des messages postés sur les réseaux sociaux, comptant les interactions – combien de « likes » ou de pouces levés, mon général ? –, un partenaire vous appelle pour prendre de vos nouvelles, savoir comment il peut aider. Lorsque vous pataugez en pleine mer dans dix centimètres d'eau, c'est appréciable.

Ne soyez pas étonnés que je préfère de loin signer avec un partenaire plutôt qu'un sponsor. Je suis plus à l'aise avec les gens passionnés. Rétrospectivement, depuis les Mini, et même avant, j'ai toujours été en relation avec des chefs d'entreprise qui soutenaient les courses au large en comprenant leur nature et leur histoire. Le nom de leur entreprise n'était pas affiché sur des bateaux par hasard. L'esprit de ces compétitions de voile, où la valeur se mesure à l'aune de l'endurance, leur était familier. Ils ont conscience du caractère épique du lien établi entre la mer et ceux qui ont décidé d'en faire leur vie.

Comment oublier, en 1999, le coup de main d'Achille Bertrand, fournisseur de viande d'un ami restaurateur du club de voile d'Arcachon, devenu partenaire de dernière minute au départ de la Mini-Transat, avec son nom imprimé sur la capote du roof de mon 6.50 ? Je l'en remercie encore. Il y a tellement d'enthousiasme dans la voile que ce sport n'a jamais perdu l'esprit d'aventure des pionniers, le besoin de partager les émotions de la navigation. C'est la force du partenaire que de comprendre ces enjeux et de s'y associer. Son retour sur investissement est lié à cette compréhension. Raison pour laquelle, s'il fallait en donner une, la recherche de soutiens économiques ne m'a jamais donné l'impression de me transformer en homme-sandwich.

Si mes partenariats durent souvent dans le temps, c'est en partie dû au fait que ce sont des histoires humaines, des rencontres nées du partage d'une même passion de la voile. Je les ai toujours abordées ainsi. Lorsque je déjeune avec l'un de mes partenaires, je le fais comme s'il était de ma famille. Nos relations sont placées sur la même ligne de franchise. Cela peut être fatigant d'ailleurs, comme la vie de famille, qui ne fait pas de pause ni ne s'arrête à la fin de semaine pour reprendre le lundi suivant. Mais je ne saurais pas faire autrement. Lorsqu'une entreprise rejoint le projet et décore le bateau à ses couleurs, s'embarquent avec moi tous les salariés de l'enseigne, novices des compétitions de voile ou non, espérant tous que les promesses faites soient tenues. Ma responsabilité est alors de ne pas les décevoir.

Nous comptons les uns sur les autres, car les liens tissés sont comparables à ceux d'associés prenant le soin d'entretenir une relation d'affinités. Même dans les moments de malaise, ce rapport ne s'est jamais démenti. Lors du Vendée Globe 2012-2013, je venais de remonter le chenal des Sables-d'Olonne déguisé en James Bond, à l'occasion de la septième édition de la course, après quatre-vingt-onze jours de mer et quelques heures, nous étions un samedi. J'étais loin de m'imaginer au milieu des saluts d'un public ravi que, le lundi suivant, Christophe Chabot, le patron d'Akena Vérandas, m'annoncerait pendant le déjeuner son intention de se désengager de notre partenariat avant le terme de l'accord passé sept ans auparavant. L'entreprise traversait des difficultés et il cherchait à optimiser ses dépenses pour éviter de licencier.

Comment lui en vouloir ? Impossible. Le coup était rude pour James Bond mais parfaitement légitime pour un chef d'entreprise. D'autant qu'il avait déjà répondu présent, après le démâtage[1] durant la Jacques-Vabre précédant le Vendée en 2011, avec cellule de crise et lancement de la construction d'un nouveau mât. Tous les partenaires avaient contribué et j'avais dû prendre un emprunt personnel de 50 000 euros

1. Cf. *Frère de la mer*.

sur un total de 200 000 euros. Je voulais vraiment la faire, cette septième édition du Vendée Globe, en 2012-2013.

Une fois de plus, j'allais devoir m'adapter au contexte changeant de l'histoire, faire preuve de plasticité. Je me sentais un peu comme dans la peau d'une femme enceinte post-partum, en pleine déprime après l'euphorie de l'accouchement. La remontée du chenal sur l'air de 007 avait été un merveilleux moment de joie, un souvenir aussitôt rangé en bonne place, parce que supplanté par les urgences du présent. Les promesses faites à Christophe Chabot m'engageaient : j'avais promis de vendre au mieux et dans les plus brefs délais le bateau. De bonne grâce, je pris donc le départ de la Transat Jacques-Vabre en 2013 sous la bannière d'Akena Vérandas, en coéquipier, pour la première fois de ma vie. Je n'avais ni le choix ni les moyens de racheter l'IMOCA, qui fut confié à Tanguy Lamotte avant qu'Initiatives Cœur n'en fasse l'acquisition. Il était inutile de tergiverser. Mieux valait affronter la tempête et les mauvaises langues, que j'entendais s'agiter à mon passage, murmurer en douce : « Je t'assure, il n'est pas près de refaire un Vendée, il faudrait qu'il trouve rapidement un nouveau sponsor, le pauvre, c'est impossible. »

Ces bonnes âmes à l'empathie d'une bernique sur un rocher ne connaissaient pas la différence entre un sponsor et un partenaire.

Sur le chemin du retour de la livraison de mon ancien bateau à Port La Forêt, je ne me privais pas de verser une petite larme : plus de voilier, plus de partenaire, il y avait de quoi être triste. Coulé mais pas touché, essayai-je de me convaincre. Stimulé par de fidèles soutiens, je me sentais toutefois redevenir combatif. Damien Chevalier, de Chambéry, Kiki et Patou, sa femme, les propriétaires de l'Igloo du

Grand-Bornand, l'assureur Guillaume Hauser, et beaucoup d'autres s'étaient mobilisés pour créer une association, Vent des Barges, clin d'œil au phare des Barges, à deux kilomètres de la Chaume, aux Sables-d'Olonne. À la façon d'un club de supporters et de mécènes, ils soutiendraient mes projets de skipper du Vendée Globe. Après le choc, la réorganisation était lancée.

La compétition n'était pas terminée.

Parmi les anciens associés de la société dissoute dans laquelle Akena Vérandas détenait la majorité des parts en tant que partenaire principal, il y avait un bon ami du fondateur de La Mie Câline, André Barreteau. Cet ami me dit : « Appelle-le, je te mets en relation. Je suis sûr qu'il t'écoutera. Il aime la voile. »

La rumeur des pontons, aussi bavarde que les commères d'un village de campagne, a le chic pour faire croire que les skippers n'ont finalement que ce qu'ils méritent, équipe technique et partenaires inclus. Chacun s'acoquinant avec ses pairs selon des mérites évalués au fil des rencontres. Ce n'est pas faux, les complicités sont souvent à la base des projets. Comment qualifier l'engagement d'une entreprise aux côtés d'un marin et de son programme de course, quelle que soit la classe, IMOCA, ULTIM, sinon en le qualifiant de rencontre du troisième type, car les chances que ce moment ait lieu sont finalement rarissimes. Il existe cependant un point commun entre les entrepreneurs croyant aux vertus de la voile, dont les détails échappent à l'entendement des néophytes, et les marins férus de grand large : les deux partagent une même idée du dépassement de soi, peut-être la conviction que le panache se gagne de gré ou de vent, à force d'abnégation. Mais pour être compris à leur juste valeur, les objectifs d'un projet IMOCA doivent être sans cesse analysés au regard des différences de budget, de technique, d'équipe, des autres bateaux de la flotte d'une course, et à l'aune de ses propres capacités. D'où l'importance d'expliciter à l'entreprise partenaire les moyens de la stratégie mise en place, faute de quoi il leur serait impossible d'adhérer au projet sur le long terme.

Manu Sérazin[2] a pointé un bon point de comparaison pour illustrer le caractère exceptionnel de ces péripéties en mer, la conquête spatiale. En 2021[3], cinq cent quarante-six personnes avaient voyagé dans l'atmosphère à une altitude de cent kilomètres, la limite entre la terre et l'espace, tandis que les candidats du Vendée Globe ayant eu le privilège de terminer leur tour du monde à la même période n'étaient que cent quinze. Une population encore plus rare que celle des cosmonautes ou de leur prochaine version astrotouristique.

Le skipper Romain Attanasio a considéré que « nous étions des gens ordinaires qui faisaient des choses extraordinaires », Manu croit que nous sommes des « extra-terriens ». J'aime plutôt penser que nous sommes des hommes de la mer embarquant à notre bord les rêves d'évasion du public, les mêmes qui nous ont poussés à ne pas cesser d'appareiller depuis que nous faisons du bateau. Nous naviguons pour faire d'un imaginaire, c'est-à-dire un endroit improbable et très difficile d'accès, une réalité abordable à tous.

La voile se prête à ce voyage. Ses vertus en ont fait un sport pour toute la famille, qui fédère et ne connaît pas d'opposition notoire. Je n'ai jamais entendu parler de militants antivoile comme il en existe contre la Formule 1. L'imaginaire

---

2. Membre de l'équipe de La Mie Câline, ancien journaliste de Radio France.

3. D'après le magazine *Ça m'intéresse* pour le nombre de voyages dans l'espace.

convoqué par les voiliers parle au nom de valeurs offrant à chacun un horizon accueillant. Excepté l'équitation, nous sommes la seule activité sportive où les hommes et les femmes ne font pas classement à part. Le seul sport à mélanger aussi les générations. En 2016-2017, Alan Roura est le plus jeune skipper à finir à vingt-trois ans un Vendée Globe, aux côtés d'un Jean Le Cam, soixante-cinq ans aujourd'hui. La voile ne discrimine pas, pas d'olympisme ou de para-olympisme, du sport et du handisport, tous sont côte à côte et dans le même classement.

Les entreprises ont vite compris les avantages qu'elles avaient à s'associer à des courses comme celle du Vendée Globe, à la condition d'en comprendre l'éthique. La source de leur motivation ne peut pas être un simple calcul du retour sur investissement. Pour être efficace, leur sponsoring doit emprunter la forme du partenariat, un échange de convictions sur les moyens d'atteindre un objectif commun, au-delà des lois de la médiatisation et de la prime au vainqueur. En regard des risques pris par chaque IMOCA au départ, aucun résultat n'est garanti. La zone de flou semble maximale et pourtant ça existe et ça continue d'exister. L'engouement ne faiblit pas. La flotte des Sables-d'Olonne pour le Vendée Globe est passée de vingt concurrents en 2012-2013 à trente-trois en 2020-2021. L'imaginaire de la mer n'a cessé d'emporter l'adhésion. Pour ma part, il y a Akena Vérandas, présent pendant sept ans, La Mie Câline, partenaire principal depuis dix ans, et tous les autres, tout aussi essentiels, Cap-Piscines, Artisans-Artipôle, le Leclerc des Sables-d'Olonne, DPC, créateur de mobilier, le groupe Hemery-Hervieux, etc. : une famille élargie unique, que je salue.

À chacun son Everest

C'est à Jean-Philippe Chomette[1], avec lequel j'ai couru ma première Transat Jacques-Vabre, en 2007, que je dois ma rencontre avec Christine Janin, médecin et première femme à gravir l'Everest, en 1990. J'étais à la recherche de partenaires pour l'édition du Vendée Globe 2008-2009, dans l'idée de donner le nom du bateau à une association, si d'aventure aucun sponsor ne se manifestait.

Un déjeuner s'organisa à Chamonix, le fief de la fondatrice, avec d'autres médecins de l'association À chacun son Everest. Convaincu que les hasards de la vie arrivent rarement à l'impromptu, je n'ai pas été étonné, sans pour autant devenir superstitieux, de découvrir l'objet du projet de Christine Janin : accompagner les malades en rémission lors de séjours en montagne, les aider à trouver un second souffle, l'énergie d'une confiance en soi, des béquilles naturelles pour surmonter l'épreuve de la maladie. Mais c'est Jean-Philippe Chomette qui fut le plus surpris. Il ignorait que j'avais été moi-même atteint d'un cancer.

En toute simplicité, nous nous adoptâmes.

---

1. Cf. Solune.

J'avais l'impression d'être en famille avec Christine. Ne porte-t-elle pas le même prénom que l'une de mes sœurs ? Naturellement, elle devint la marraine du bateau de mon premier Vendée Globe. Depuis, je continue à soutenir l'association. J'ai visité le chalet où les enfants et les femmes, encadrés de bénévoles, sont pris en charge pendant une semaine pour participer à diverses activités : randonnées, escalade, parcours aventure, massages, yoga pleine conscience, sophrologie, méditation, etc. Je leur ai raconté mon histoire, je les ai emmenés naviguer. Je ne manque pas de faire apparaître *À chacun son Everest* sur le bateau, aux côtés des autres partenaires. Je le fais bien volontiers, comme un juste retour des choses. Ce sont des « mercis » qui soignent. Il faut savoir que cela fait du bien de dire « merci », « merci » au médecin qui m'a guéri, à Christine pour tout ce qu'elle fait, « merci » aux enfants qui viennent me saluer au départ des courses. Il n'y a pas d'arrière-pensée, ce n'est pas une opération de communication, c'est une opération de bonne santé. Quand j'en parle, j'ai toujours la gorge nouée. Un cancer est tellement difficile à vaincre que tous les moyens, tous les « mercis » sont bons pour retrouver sa vie d'avant.

Le Grand-Bô

Au Grand-Bô règne l'effervescence. De nombreuses animations ponctuent la journée. Quinze ans que je suis fidèle à la station de ski du Grand-Bornand et à son événement, *Glisse en cœur*, une collecte de dons sur plusieurs mois qui se termine par un relais de vingt-quatre heures de ski au profit d'une cause liée à l'enfance.

Aux gamins de l'école, durant l'après-midi, je lis une dictée sur le thème du Tour de France Femmes qui fera étape au village pendant l'été. Je dicte lentement le texte, en douceur : « le samedi, le peloton, *pe... lo... ton*, arrivera de Champagnole et enchaînera les difficultés jusqu'à la montée finale, *fi... na... le...* du Chinaillon, *Chi... naïe... yon.* »

Je me débrouille comme je peux.

Les enseignants présents m'aident du regard, amicaux. Je les tiens en grande estime. Comme les professions de santé, ce sont des métiers où il est impossible de faire semblant. Vous êtes tout de suite rattrapés par la patrouille. Les enfants n'aiment pas les faussaires et les malades encore moins. Trop de questions vitales en jeu.

Je serais bien incapable de faire ce qu'ils font, aider nos gosses à apprendre, à devenir des adultes responsables. Les vrais coriaces, ce ne sont pas les marins qui ont fait un tour du monde, ce sont eux, les enseignants qui accomplissent tous les jours des tâches extraordinaires d'une manière ordinaire. Je m'en suis rendu compte en étant invité dans les écoles. À la fin d'une journée d'échanges, j'étais presque plus fatigué qu'à la fin d'une course en solitaire, c'est dire. Mais si un jour je m'amourachais de notoriété et d'ovations, définitivement je choisirais celle d'une classe en train de vous applaudir en scandant votre prénom pour vous remercier d'être venu leur parler du grand large. Magiques moments de grâce.

C'est Thierry Vernhes, l'entraîneur d'Edgar Grospiron, premier champion olympique de l'épreuve de bosses à Albertville, en 1992, qui a créé ce lien inédit entre les montagnards et les marins, entre l'horizon et l'altitude. Il faut croire que les valeurs des deux univers avaient des prédispositions à faire cause commune, puisque l'alchimie généreuse du Grand-Bornand perdure encore aujourd'hui. Aussi, n'est-il pas étonnant de retrouver parmi les soutiens de *Glisse en cœur*, rassemblés chaque année autour d'une même équipe, un mélange inattendu de gens de la mer et de la montagne. C'est ainsi que j'ai croisé la route de la double championne du monde de slalom géant, Tessa Worley, qui est devenue la marraine de deux de mes IMOCA. J'ai également pu, avant le départ du Vendée Globe, édition 2020-2021 pendant la Covid, emmener toute l'équipe de préparation se détendre en faisant une randonnée guidée par Sylvie Becaert, une sportive de biathlon[1], qui nous avait tous mis sur les genoux en sifflotant le long du col de la Colombière.

1. Championne du monde de sprint en 2003 et double médaillée olympique de relais en 2010.

Au Grand-Bornand sont nées des amitiés solides, résistantes au temps et aux coups durs. Je peux en attester. Lors d'une période creuse, alors que j'avais du mal à boucler le financement d'un projet d'IMOCA, redoutant de manquer à l'appel du prochain départ, mes amis ne me laissèrent pas tomber. Ils prenaient de mes nouvelles, m'encourageaient, m'assurant de leur soutien. Là-bas, je respirais l'oxygène de sourires qui aiment la vie en partage. Je pense à Kiki et Patou, décidément les surnoms sont aussi mes compères, fidèles camarades restaurateurs, mordus de voile, qui se déplacent un mois avant le départ de chaque Vendée, pour installer aux Sables une cantine familiale où nous nous retrouvons tous : amis, partenaires, famille, à vivre dans une ambiance de solidarité vitaminée les prémisses de la course qui me constitue marin.

Cohésion

À terre, avant le départ d'une grande course, quand la préparation s'accélère, une fois par semaine, je prends le temps de choisir une citation sur Internet, pour l'envoyer sur le fil WhatsApp de l'équipe. Selon l'humeur, je pars à la pêche de la petite phrase qui fera tilt, de l'auteur qui donnera en quelques mots le *la* de la journée, suscitant commentaires et apostrophes. Sans se prendre au sérieux, ce rituel nous égaie de traits d'esprit.

Un jour, tandis que je cherchais des accroches nouvelles, je suis tombé par hasard sur le terme potlatch : il désigne une cérémonie amérindienne sacrée qui consiste en un échange de dons, que je pratiquais sans le savoir avec mon cérémonial de citations, comme on fait de la prose, ce qui est inquiétant quand on sait la façon dont termine M. Jourdain dans le *Bourgeois Gentilhomme*, complètement ridicule. Pas grave, puisqu'il ne tue plus, paraît-il. Quoi qu'il en soit, derrière le potlatch, un mot à la sonorité qui me fait penser au bortsch, allez savoir pourquoi, j'ai découvert une sacrée soupe, tout un art d'assembler les ingrédients d'un plat roboratif aux origines amérindiennes.

Je vous explique.

J'envoie la trouvaille du jour ou bien, quand je suis en rade, une phrase de l'excellent Michel Audiard : « Je crois, Docteur, que l'homme de Neandertal est en train de nous le mettre dans l'os. Deux intellectuels assis vont moins loin qu'une brute qui marche[1]. » Et tout de suite l'équipe se déchaîne, déclenchant une avalanche de commentaires ou de nouvelles citations, que tout le monde se partage. C'est à qui sera capable de faire mieux : « Mon cher Ludwig, vous connaissez mal les Français, nous avons le complexe de la liberté, ça date de 89, nous avons égorgé la moitié de l'Europe au nom de ce principe[2]. »

Avec une citation par semaine, c'est bien la mécanique d'un bon vieux potlatch qui s'active, répondant aux canons du genre, un temps de cérémonie au cours de laquelle les invités se font des présents, un don contre un autre, un symbole contre une valeur ou une citation, dans une surenchère d'échange de richesses assurant la cohésion du groupe. Ce sont de bons moments, ludiques et exigeants. « Je pense que quand on mettra les cons sur orbite, t'as pas fini de tourner[3] ! » dira l'un, mais qui aura mieux à dire ? C'est stimulant de s'enrichir du savoir de son coéquipier. Les discussions n'ont pas forcément besoin d'être originales. Combien de conversations démarrent sur une simple apostrophe météo : « Quel temps, non ? » Le plaisir de poursuivre fait le reste.

Alors, nous *potlachons* joyeusement, chacun cherchant au détour du souvenir d'un livre ou d'un film, d'une histoire

---

1. Extrait des dialogues du film *Un taxi pour Tobrouk*, réalisé par Denys de La Patellière, en 1961.

2. *Ibid.*

3. Extrait des dialogues du film *Le Pacha*, de Georges Lautner, en 1968.

vraie ou de son vécu, la formule la plus généreuse. Les ressources sont innombrables. En la matière, le cinéma est une source infinie de trouvailles. J'y ai souvent recours. Ce sont les classiques qui me reviennent, beaucoup de comédies, l'inoxydable Claude Lelouch, *L'Aventure, c'est l'aventure*[4] et son groupe de bandits copains, Ventura, Brel : « De Marx, nous avons surtout retenu la notion de capital. » Mais pas que. Je partage aussi des sentences plus sérieuses, auxquels je crois, comme à mon sport : « Le bonheur, c'est lorsque vos actes sont en accord avec vos paroles[5]. » Des mots, des émotions, de la combativité, du sport et encore du sport. Vive le sport en fait !

4. Sorti en 1972.

5. Indira Gandhi.

Village de course

Jamais le même, selon l'épreuve, il est le cœur battant d'avant la compétition. Avec quelques jours d'avance, il s'installe en catimini, se déployant progressivement. Les quais du bassin Paul Vatine au Havre, le quartier de la Chaume des Sables-d'Olonne ou d'autres bords de mer, comme Saint-Malo, Lorient La Base, voient les stands se monter, les bateaux prendre place le long des pontons et les premiers badauds arriver. Si le vent le permet, chaque équipe dresse les belles voiles des partenaires, hisse les pavois et tous les emblèmes des sponsors. Ainsi arrimés les uns aux autres, les bâtiments ont des allures de voiliers de croisière mis en lumière dans un salon nautique. Pour accueillir au mieux les visiteurs, qui monteront à bord en amateur ou en spécialiste, le ménage est fait à fond. Des séances d'autographes sont organisées un peu partout. Afin de rester concentrés, certains préfèrent sécher l'exercice. Ce n'est pas mon cas. J'ai toujours eu de l'affection pour la vie du village de course, sa convivialité. Je croise les autres équipes. On s'enquiert des amis, de la famille, du bateau et des nouveautés, d'un tel qui a changé son safran, modifié ses foils, ou les deux à la fois. Dans un projet comme le mien, qui cherche sans cesse à évoluer en testant matériaux et réglages, ces échanges sont importants. On se balade, on s'apostrophe, contents d'être à pied d'œuvre une nouvelle fois. Il y a toujours foule au village, des inconnus et des habitués, quelques fidèles, présents à chaque compétition. L'atmosphère est détendue. On pourrait se croire à une kermesse, s'il n'y avait pas tous ces voiliers et la course au centre des conversations, avec les considérations sur le temps. Y aura-t-il du vent demain ?

Jusqu'au jour du départ, la pression sur les marins suit les variations des bulletins météorologiques, surtout en cas de rumeur de dépression ou d'avis de tempête. La situation la plus dommageable pour le moral étant un coup d'envoi différé, comme celui de la seizième édition de la Jacques-Vabre Normandie-Le Havre en 2023.

Le jour J, harnaché pour la haute mer, ciré zippé jusqu'au menton, alors que les super trimarans, les multicoques de 50 pieds et les monocoques de 40, tous les autres bateaux de la course ont eu le feu vert pour se mettre en route vers la Martinique, j'apprends que les quarante équipages des IMOCA doivent rester à quai. Au large de l'Espagne, des vents de quatre-vingts nœuds et des creux de dix mètres sont annoncés. Sans consulter personne, l'organisation a scindé la course en trois. Les plus rapides, les Ultims, prendront la tempête de vitesse et feront la première partie du spectacle. Après un minibout de course, le deuxième lot se réfugiera à Lorient, tandis que Le Havre restera le port d'attache des IMOCA, chargés de jouer les figurants.

N'aurait-il pas mieux valu laisser passer l'alerte météo et partir de concert, plutôt que d'imposer de mauvaises surprises ? J'avoue ne pas toujours comprendre. Avec la tension de la préparation, les journées de travail sur le bateau en amont de la course, le bon sens se perd vite de vue.

Pas si simple de rester lucide, reposé et serein, à l'abri des agacements – « non, désolé, pas vous, on s'excuse » –, qui peuvent vous tournicoter sous le nez, façon moustique dans la nuit. Même s'il est plus sage de renoncer à lui faire la peau, à ce satané moustique, le premier réflexe est souvent de dégainer une espadrille et de lui filer un coup de tatane. Mais comme je n'en porte pas, la question est vite réglée. Je quitte le village en attendant la seconde date du départ. La nuit d'avant, je dormirai sur le bateau pour me mettre dans la course.

Chants du large

« Quoi de mieux, s'était peut-être dit l'humoriste Laura Laune, pour encourager un marin du Vendée Globe, lors de l'édition 2020-2021, que de lui chanter une petite chanson ? » Je ne savais pas que Manu[1], autoproclamé capitaine du bateau gonflable (le zodiac) et officiellement en charge des relations avec les partenaires, l'avait sollicitée pour organiser une surprise. Il lui avait expliqué que je l'avais écoutée en mer, riant de ses explications pour se débarrasser de sa timidité afin de monter sur scène, et que je m'étais permis de l'évoquer dans mon journal de bord hebdomadaire[2] en l'interpellant sur le même mode blagueur.

Aussitôt promis, aussitôt chanté.

Au milieu des mers du Sud, je reçus la vidéo de Laura, une balade dans la tradition des chansonniers, conçue pour rythmer la manœuvre et coordonner les efforts, à un ou deux détails près. En quelques accords de guitare, l'inimitable jeune femme à la moue innocente et aux joues gonflées de

1. Manu Sérazin, membre de l'équipe de La Mie Câline, ancien journaliste de Radio France.

2. Journal de bord publié en 2021 dans *Voiles et voiliers.*

rires retenus me taillait le plus joli costume de marin que je n'avais jamais porté auparavant :

> « Salut Arnaud, c'est Laura Laune
> On m'a dit que t'étais fan de moi
> Que sur ton bateau bleu et jaune, tu m'écoutes au large, dans le froid
> Ton équipe m'a donc contacté, pour que j't'envoie comme une étoile
> Une p'tite chanson pour te guider, et t'aider à garder le moral
> Avec plaisir je joue le jeu, même si ce qui marche le mieux
> Pour aider les gens pour de vrai, c'est de leur dire la vérité,
> Ooh, tu vas perdre Arnaud Boissières ! Il vaut mieux qu'tu rentres maintenant
> De t'acharner, à quoi ça sert, tu seras le dernier, comme tous les ans,
> Tu vois bien que c'est pas ton créneau, reviens, pis si tu aimes tant l'eau,
> Tu pourras toujours faire, l'été, du pédalo à Noirmoutier . »

J'étais enfin parti, après la laborieuse réparation des crochets de la grand-voile qui m'avait immobilisé plusieurs heures. J'avais dû grimper à deux reprises en haut du mât, ce que je déteste faire. Mais j'avais réussi à réparer. Dans les derniers au classement général, mes concurrents étaient déjà loin, j'étais cependant d'une humeur délicieuse. Le bateau qui avait failli me lâcher au départ réagissait enfin à mes attentes. Je me sentais d'attaque, un roi du monde qui se moque d'être mal classé car la course n'est pas terminée.

C'est le paradoxe des solitaires, les ennuis dépassés vous apprennent à vous réjouir de ce que vous avez. En mer, tirer le meilleur parti des situations, ne pas hésiter à se faufiler entre les gouttes est une nécessité. Tout autour de soi, l'horizon à perte de vue, n'enseigne qu'une seule chose : l'humilité, la capacité à transformer un échec en petite victoire.

Roulant des yeux effarés de lapine prise dans les phares, l'irrésistible Laura se foutait bien de moi. La surprise avait de l'allure. Sa gouaille me faisait rire : « Si ça continue, Arnaud, tu l'sais demain, ça sera pour ta gueule, fredonnait-elle, tu te blesseras avec ton bonnet, ou tu prendras un crabe dans l'œil, au mieux tu devras faire marche arrière, pour repêcher un autre teubé, qui sait pas t'nir trois jours en mer, sans plier en deux son voilier. »

C'était entraînant comme un vieil air de marin à la Hugues Aufray, aussi faussement démodé qu'efficace[3]. « Tiens bon la vague, tiens bon le vent[4] » aurait pu tout aussi bien chanter Laura pince-sans-rire, Laura tout-terrain. Pas le genre à être effrayée par les tempêtes, elle avait l'art de tourner son compliment. Selon elle : « Il y avait une chance sur deux, de toute façon, que je coule avant de voir cette chanson. »

Hasta Luego Laura !

3. 4,2 millions de vues à l'arrivée du Vendée Globe, 5,2 millions quelques mois plus tard.

4. Extrait des paroles de *Santiano*, inspirées d'une chanson de marin anglais, interprété par Hugues Aufray en 1961.

Calimero

Tous mes amis m'appelaient déjà Cali lorsque j'ai rencontré Pleins Gaz. J'étais tellement Cali que le père d'un copain a interpellé un jour mes parents d'un très sérieux : « Bonjour M. et Mme Cali. » Ce n'était pas Calimero[1], Cali, juste le diminutif du personnage du dessin animé, une copie lointaine parce que j'avais une grosse touffe de cheveux sur la tête, un peu hirsute, qui ressemblait vaguement à une coquille d'œuf.

Dernièrement, l'origine de ce surnom a été disputée par une autre version, en lien avec le chanteur Cali et son tube, *C'est quand le bonheur ?*[2], parce qu'une chanson de bonne humeur me va bien, paraît-il. Je ne dis pas non, mais c'est un peu vite oublier que j'ai souvent eu sur les coques de mes bateaux un petit personnage de Calimero dessiné. Quoi qu'il en soit, dans le milieu de la voile, je reste avant tout Cali, reléguant souvent Arnaud au second plan.

Peu importe d'ailleurs, je n'ai pas de préférence. Les deux prénoms me vont bien. Je les porte indifféremment avec le même plaisir. Ils me sont utiles. Cali est le personnage

1. Personnage de fiction créé par Nino et Toni Pagot, en 1962.

2. Dans l'album *L'Amour parfait*, du label Labels, sortie en 2003.

fantasque et attachant du dessin animé, je le convoque pour le fun. À l'autre bord, il y a Arnaud, qui est plus raisonnable et fait avancer les chantiers en cours. Arnaud est souvent derrière Cali, à rattraper des boulettes, ou derrière un ordinateur. Il fait la comptabilité, recherche des partenaires, ficelle aux petits oignons les solutions quand il y a des problèmes. Il essaye en tout cas. C'est lui qui anime avec ses équipes les réunions techniques du lundi matin. Cali n'a pas ce genre de contrainte, il est plus cool, il profite des gens et de la vie, partage sans compter sa passion de la mer. Je l'aime bien. J'y suis attaché. Il est avec moi depuis si longtemps que je ne pourrais pas m'en séparer. Arnaud est au courant. Cela ne le dérange pas d'avoir au bureau des figurines de poussin avec une coquille d'œuf sur la tête et des affiches sur les murs, offertes au fil des années.

Est-ce « vraiment trop inzuste » ? Pas sûr du tout.

Famille, je vous aime !

Non, je ne suis pas aveugle. Ni sourd, ni aveugle. J'ai entendu les drames et vu de mes yeux les conséquences des naufrages. L'océan porte en lui tant de souvenirs. Nul ne peut les ignorer, surtout pas ceux qui envisagent de s'embarquer au large. Sur le port, au départ des bateaux, patiente forcément l'espoir de proches restés à terre, car la mémoire des marins disparus en mer reste avant tout une affaire de famille. Elle me rappelle mes années collège, résumée par André Gide en une sentence radicale : « Familles, je vous hais[1] ! » Seule littérature de l'adolescence dont je me souvienne, peut-être à cause de son apostrophe qui avait fait date. Aujourd'hui, elle m'arrive tel un bois flotté, ballotté par la veille, vague souvenir d'un livre que je n'ai toujours pas lu. À l'époque, j'avais préféré me contenter de la conclusion de l'auteur. Il conseillait de jeter son ouvrage après lecture pour quitter ville, famille, chambre, pensées. Probable que j'avais dû prendre son avis un peu trop au pied de la lettre, en retenant seulement de tout quitter pour m'embarquer et vivre une vie de marin.

---

1. André Gide, *Les Nourritures terrestres*, Mercure de France, 1897.

Mais je n'ai pas abandonné pour autant ma famille. Sa place était déjà à mes côtés et reste à l'honneur, que je sois à terre ou en mer. Ce souvenir scolaire est surtout un repère pointant l'importance de ce sujet de la famille. Je l'ai mémorisée comme j'aurais gardé en tête l'emplacement des récifs d'une passe, pour éviter les naufrages intempestifs. Vivre dans un environnement familial soudé ne vous exempt pas d'un minimum de prudence. Soudé ne voulant pas dire que tout le monde soit d'accord, les disputes aussi aiment s'inviter à table. Je sais que mon père aurait aimé que j'exerce une activité plus classique que celle de compétiteur sur un voilier, comme mes deux sœurs. La haute mer l'inquiétait et l'inquiète encore. Pour le faire rire, je lui dis souvent qu'il n'aurait pas dû m'emmener voir le départ du premier Vendée Globe quand j'étais malade.

C'est émouvant, à chaque fois il a les yeux humides.

Je sais que mes parents ont mis longtemps à accepter mon activité de skipper-armateur d'IMOCA, à comprendre que j'exerçais un métier. À l'arrivée du premier Vendée Globe, il y avait des journalistes qui me demandaient si j'étais prêt à rempiler pour une nouvelle édition. Au moment où je répondais par la positive, j'ai entendu mon père s'exclamer : « Il n'en est pas question ! » Il n'avait pas pu s'en empêcher.

Un tour du monde en solitaire ne prend pas aux tripes que le skipper, l'entourage aussi est sur le départ. Et ne croyez pas que le marin ait la part la plus difficile de l'aventure. Il est plus dur de rester que de partir.

Selon le caractère de chacun, les attitudes sont différentes. Quelques semaines avant l'appareillage, toute la famille prépare sa bulle. Ma mère fait mine que tout va bien, que tout est normal, que passer trois mois seul en mer n'est vraiment pas un souci. Sa ténacité à croire qu'il existe toujours un moyen de remplir l'autre moitié du verre à demi plein est un bonheur. Dès qu'elles le peuvent, mes sœurs viennent me rendre visite. Très présents, mes garçons, Hugo et Léo, font une provision de tendresse en prévision des mois d'absence. Quant à mon père, il suspend ses habitudes et prépare un bureau dans lequel il s'enfermera pendant la course, en installant des cartes marines partout. Un œil sur les prévisions météorologiques, il suivra pas à pas le bateau, en pointant le trajet toutes les vingt-quatre heures. Au passage des îles, il m'enverra des petites informations sur le quotidien des insulaires ou sur l'île elle-même.

Les départs et les courses créent un stress intense.

Quelques jours avant le lancement d'un Vendée Globe, je m'efforce de garder du temps pour mes proches. Je profite d'eux, je les câline, je leur dis qu'ils vont me manquer. La veille, on se réunit autour d'un repas, généralement un couscous ou une paella, plus pratiques pour les grandes tablées, deux plats que j'affectionne. Nous nous célébrons mutuellement. Le lendemain, le jour J., c'est encore autour d'un bon repas que les au revoir se font. Cette fois, la blanquette de veau ou les lentilles saucisses se disputent le menu. Des plats également généreux. Pour mon grand plaisir, la convivialité de la table me poursuit. Je me sens bien au milieu du brouhaha, entouré de ma famille, de l'équipe et des amis discutant de la course. J'aime voir mijoter cette alchimie collective. C'est la nature même de mon projet. Le résultat ne me déçoit jamais.

Familles, je vous le dis ! Famille de sang, famille de cœur, je vous aime ! Vous êtes un atout maître. Être entouré d'une famille unie est une bénédiction. Sans elle, il n'y aurait pas eu de haute mer ni de Vendée Globe.

Les Sables-d'Olonne

Arcachonnais et Bordelais, Les Sables-d'Olonne ne sont pas exactement mon douar d'origine. Pourtant, je m'y sens comme un poisson dans l'eau. Il faut dire que ma première arrivée aux sables s'est opérée avec mon premier IMOCA du Vendée Globe, Akena.

Les Sables-d'Olonne, plaque tournante des courses au large. J'y étais déjà passé un paquet de fois avant de m'y installer provisoirement, sans savoir que cette installation serait définitive. Des courses Mini et solitaire du Figaro m'y ont conduit. D'emblée, j'ai été marqué par l'accueil. Ce n'est pas une terre de régatiers, comme on peut en trouver en Bretagne, c'est une terre de passionnés de courses, à l'image de Bernard Gergaud, figure emblématique d'un esprit vendéen et sablais toujours intéressé par la compétition. Cuisinier à la retraite, il suit toutes les courses avec son épouse Roselyne. Il a constitué une véritable encyclopédie de photos de tous nos bateaux et, ce qui est remarquable, c'est qu'il n'en a jamais vendu une seule. Généreusement, Bernard les donne !

Quand j'arrive avec le premier Akena, de La Rochelle où j'avais mon chantier, j'étais loin de penser que cela deviendrait mon port d'attache, bien que je m'y sois tout de suite senti chez moi. Plusieurs raisons le justifiaient. Tout d'abord Akena était l'ex-Sodebo et l'ex-VMI, deux entreprises vendéennes. Il avait été construit aux Sables par Thierry Eluère, qui avait également construit As innovations et Écureuil d'Aquitaine dans le chantier J. Boats, dont le patron est devenu un ami.

C'est typiquement sablais, cette ferveur des passionnés de bateaux. On ne la croise pas ailleurs, même en Bretagne. À la Trinité-sur-Mer ou à Lorient, on ne trouve pas cette curiosité amicale et chaleureuse que l'on rencontre à Port Olona. Les amateurs vendéens savaient que le bateau arrivait et ils s'empressaient de venir découvrir ses nouvelles couleurs et le petit gars que j'étais.

Akena Vérandas le souhaitait et j'ai rapidement décidé de m'installer aux Sables. Sans renier mes origines arcachonnaises, j'ai acquis une notoriété locale qui me vaut le surnom d'« Arcachaumois ». En effet, je m'étais installé par hasard à la Chaume, historique quartier de pêcheurs. Ce sont les Chaumois qui ont fait mon éducation dans le petit café de quartier *Chez Choc* devenu *Copains comme cochons* et au *Bar du pont*. J'ai d'ailleurs fait la course des bateaux en cartons avec Franck, le patron de *Copains comme cochons.* On a malheureusement coulé ! Événement relaté dans le journal local.

« Mon p'tit gars, c'est pas parce que tu vas faire le Vendée Globe que tu seras un vrai marin, on en a vu passer des comme toi, qui sont repartis aussi secs avec leurs grandes gueules, calmés par la mer et nos bistrots. » J'ai vite sympathisé avec cet esprit-là.

En 2008, le café *Chez Choc* organise avant le départ une soirée, pas mondaine pour deux sous, pour toutes les équipes du Vendée Globe. Avec ma bande de joyeux lurons arcachonnais, on se retrouve *Chez Choc* où le mélange entre les anciens Chaumois, dont le maire honoraire de la Chaume, et mes amis voileux fait pétarader la soirée. Le lendemain, Lulu apporta à Cathy, la patronne du café, un bouquet de fleurs géant pour la remercier. Ce geste spontané « à la Lulu » rendit son œil humide. Quelques jours plus tard, le maire honoraire de La Chaume nous amènera tous au rugby. Quelle ambiance à nouveau !

Enfant du bassin, je me sens adopté par la Chaume et les Sables, charmé par cet univers de bienveillance. Très rapidement, j'ai été le parrain de plein d'événements géniaux : la Régate féminine, les Voiles des Sablaises, la traditionnelle course des bateaux en carton organisée par les Olonnois, le Vendée Cœur, 24 heures de paddle en relais en faveur d'associations d'aide à l'enfance. Même si ça prend du temps, j'ai toujours adoré le faire, parfois au détriment de mon organisation personnelle. Vous me direz, quoi de plus naturel pour un skipper d'IMOCA et un amoureux du Vendée Globe que d'élire domicile aux Sables ? C'est le lieu par excellence, La Mecque pour un toqué comme moi. En même temps, et cela va au-delà de ce que j'imaginais en m'y installant, quelle qualité de vie !

Une ville à taille humaine, chargée d'histoire, les Sables offrent toutes les beautés du littoral. On y trouve des plages, sauvages ou policées, des ports, l'un dédié à la plaisance, un autre à la pêche et un autre de commerce, le port vraquier. On y découvre des petites rues pleines de charme et de commerces attractifs, une promenade de front de mer accueillante aux piétons et aux circulations douces, une côte rocheuse, une forêt dunaire, des spots de glisse. Les Sables-d'Olonne recèlent quantité de petits bonheurs rares. La ville est aussi à la proue d'un département et d'une région dynamiques. Elle est bien desservie par des réseaux routier et ferré performants. Ce n'est pas négligeable quand le marin est aussi un chef d'entreprise. C'est là que je vis maintenant, avec ma famille. Je me sens comme un enfant du pays et je crois qu'ils ne me dénient pas ce titre.

Ville de mer

2023. Enfin Le Havre, point de départ d'une nouvelle Jacques-Vabre, la neuvième édition en ce qui me concerne. Je redécouvre les quais où s'installent les bateaux. Comme d'habitude, je ne peux me retenir d'être surpris par l'ambiance. Le Havre interpelle tant que cette ville énigmatique met un point d'honneur à le rester, indifférente à ses attraits officiels, Auguste Perret, le Volcan de Niemeyer, etc. Ici, la mer a l'air de tenir l'avenir entre ses mains.

Avec tout mon bazar, j'accoste façon caravane du Tour de France, zodiacs, matériels et tutti quanti, le nécessaire et le superflu pour préparer la course, qui est la plus longue des transatlantiques et une des dernières compétitions avant le Vendée Globe. À chaque arrivée, j'ai le sentiment d'aborder une ville déserte, jusqu'au moment où j'aperçois les silhouettes des Havrais, comparables à des marins en train d'appareiller.

Dans les rues du Havre, où que l'on se trouve, le centre ou la périphérie, les passants se dirigent vers la côte avec la détermination de voileux prêts à prendre la mer sans plus se soucier du reste, de ce que deviendrait la ville s'ils levaient l'ancre pour de bon. Il est saisissant de voir ainsi toute une population embarquée par ce bras de Manche calé entre la France et l'Angleterre. Simple visiteur ou habitant de souche, la même alchimie force les regards vers les bateaux qui naviguent au loin, focalisant l'attention sur l'horizon d'un départ. Au Havre, ne restent que les plus fascinés par les promesses de la mer.

C'est le cas de Cécile, la cousine de ma femme, qui nous accueille, nous évitant de dormir dans une chambre d'hôtel anonyme. Ancienne parisienne venue à l'occasion d'un déménagement familial, elle a été adoptée par Le Havre contre son gré, en pestant qu'on ne l'y reprendrait plus, avant d'être amadouée au fil des années par l'horizon et le cri des mouettes, qu'elle ne peut plus s'empêcher d'écouter en sirotant du thé, bougonnant pour la forme.

Pour me préparer à traverser l'Atlantique, le cadre est idéal, typique du rythme de vie des habitants des villes portuaires, fixé sur les mouvements de la mer. Il m'aide à me concentrer. Chez Cécile, l'intérieur est aussi spartiate qu'à bord d'un IMOCA. Une table, vite démontée, vite rangée, de rares meubles prêts à prendre la poudre d'escampette si jamais la maîtresse de maison leur donnait le signal du départ. L'essentiel ou pas grand-chose, et du thé en abondance. Exactement ce qu'il me faut.

Frère de la mer

Au niveau de Cherbourg, nous étions, Gérald Viénard et moi, dans un bon rythme de course, en train de quitter la Manche et d'aborder l'édition 2011 de la Transat Jacques-Vabre sous des auspices encourageants. Nous avions fait le bon choix de voiles, alors que nos concurrents s'échinaient à les changer pour affronter une météo houleuse et une mer démontée. Nous naviguions sous génois à vive allure.

Dans la nuit du jeudi au vendredi[1], nous avions viré de bord vers le sud. Le front étant derrière, nous pensions que nous étions sortis d'affaire. Gérald, mon coéquipier, était parti se reposer. J'assurais le quart de veille. Nous n'étions pas loin de doubler l'un de nos concurrents. Il était deux-trois heures du matin lorsque j'entendis l'équivalent d'un coup de fusil de chasse, suivi d'un grand « crac », tandis que le bateau ralentit brusquement.

Nous venions de démâter.

La violence de l'accident emporta d'un coup grand-voile, trinquette, foc et génois. Sous le choc, dans la cabine, une grosse armoire à batteries se descella. Le bruit avait réveillé

1. La nuit du 3 au 4 novembre 2011.

en sursaut Gérald, qui avait tout de suite pensé à un OFNI[2] et s'était empressé de filer à l'avant du bateau vérifier qu'il n'y avait aucune voie d'eau. Nous étions dans l'urgence, essayant de limiter la casse. Déjà le mât commençait à battre la coque.

Dans la précipitation, sans nous attacher malgré les consignes de sécurité, nous libérons les amarres à la va-vite pour récupérer le maximum de choses. J'avais toutefois pris le temps d'envoyer un message à la direction de course : « Démâtage, pas de blessés, libération du gréement en cours, on fait le point et on vous recontacte. »

Un gréement de fortune était à mettre en place rapidement, car nous dérivions déjà vers l'Irlande, poussés par le vent.

Il faisait nuit. Le mât était cassé, la course était finie. Une Jacques-Vabre pour rien. J'attendais avec Gérald les secours. Nous étions complètement abattus. Je pensais au Vendée Globe de l'année suivante, compromis. La déception était immense. Le temps s'agitait autour de nous. Trente-cinq nœuds de vent ballottaient l'esquif. Comment appeler autrement un voilier démâté ? « Ça branlait sévère », dira plus tard Fabrice Grelier, *alias* Fafa, le capitaine de l'Anthinéas, un bateau de pêcheurs des Sables-d'Olonne venu à notre secours. À bord de ce chalutier de 24 mètres, il y avait Plomb-Plomb, le scaphandrier d'Atlantique Scaphandre, obligatoire pour les opérations de remorquage, au cas où l'hélice attrape l'amarre et l'emberlificote autour d'elle. Un gars en or, Plomb-Plomb (je sais, j'abuse, mais je ne pouvais

2. Objet flottant non identifié.

pas résister), un pêcheur, bénévole SNSM[3], jamais avare de son temps. Il était accompagné de Guillaume Le Fur, le *boat captain* de mon équipe, venu seconder les pêcheurs.

Les vagues prenaient leurs aises, indifférentes à nos problèmes. Le remorqueur était en approche et je m'inquiétais de le voir arriver sur nous comme un bouchon dans le courant d'une rivière, à fond de train. Inquiet, j'appelais le navire sur la VHF[4], qui m'a immédiatement répondu :

— Anthinéas, ici.

— Ici Anthinéas, je te reçois.

Fafa manœuvrait comme un champion. C'était ce même navire qui était entré en collision avec l'IMOCA Hugo Boss du skipper Alex Thomson, en train d'attendre la marée devant les Sables-d'Olonne, avant le départ du Vendée Globe 2008-2009. Un épisode malheureux qui avait contraint le marin à abandonner après quatre jours de course. Si la réparation du mât avait tenu bon, celle de la coque avait cédé. Le carbone commençait à se cisailler en mer. L'épisode avait marqué les esprits.

En voyant arriver l'Anthinéas droit sur nous, je ne m'en souvenais que trop bien. Les conditions n'étaient pas les mêmes, elles étaient pires. Mais la manœuvre, une opération périlleuse, se déroula dans les règles de l'art. Une hallucination vu la « furie de temps », comme Fafa aimait à le qualifier. « Un Vendéen sauvé, vaut bien un Anglais coulé », commentera-t-il en guise de clin d'œil, sachant à quoi je pensais lorsque je regardais son bateau foncer sur le mien au milieu des vagues. Il avait adapté un vieux proverbe de la marine

3. Société nationale de sauvetage en mer.

4. *Very High Frequency*.

datant des luttes pour le contrôle des mers : « L'anglais est un brave homme, mais il est plus prudent de le pendre. »

Une fois l'amarre installée, le dépannage commença.

Nous marchions d'un bon pied, à dix nœuds. Les pêcheurs rigolaient en nous voyant cramponnés, incapables de tenir debout, secoués par les à-coups du remorquage. Ils voyaient aussi sur les écrans des caméras du pont Guillaume Le Fur, le *boat captain* de l'équipe, sortir dignement « prendre l'air » et vomir, l'estomac retourné par le roulis du chalutier, l'odeur du gasoil et du poisson. Pour eux, nous étions des marins d'eau douce. Ils n'avaient aucune idée de ce que nous faisions. Ils ne s'étaient pas encore inscrits au défi des Ports de Pêche, la régate des marins pêcheurs et des artisans des cultures marines, réservée à tous les professionnels de la filière, qui a lieu tous les ans, aux Sables-d'Olonne. Ils le découvriraient par la suite, lors des entraînements de l'hiver. « Ah, la vache, elles sont dures vos histoires, me dira Fafa, rigolard, je ne pensais pas, j'ai des courbatures partout. »

À mi-parcours, le filin se rompit.

« Anthinéas ?! » crachota aussitôt la VHF.

Fafa recommença la manœuvre d'amarrage avec la même maestria. Lorsque le bateau fut de nouveau attaché à l'Anthinéas, le remorquage put reprendre jusqu'aux Sables-d'Olonne, où les pêcheurs nous déposèrent sans nous accompagner au port, pour repartir en mer, finir tranquillement leur journée de pêche au large, tandis que ça continuait à « branler sévère ».

Ils sont comme ça, les marins pêcheurs. Ils ne se ménagent pas.

En 2009, après cent cinq jours en mer, à quelques heures du chenal et de l'arrivée de mon premier Vendée Globe à la place de septième, au passage de l'île d'Yeu, ce sont encore eux que j'ai croisés sur leur bateau de pêcheurs, me saluant avec chaleur, joyeux compagnons liés par une solidarité indéfectible. La même fraternité que je retrouve en course, entre les skippers du monde entier.

À la dernière édition du Vendée en 2020-2021, un fil WhatsApp auquel quasiment tous les coureurs étaient inscrits permettait d'échanger des conseils. Il était autorisé tant que l'aide ne touchait pas aux questions de routage. Galères, problèmes techniques en tous genres : « Euh, Houston, on a eu un problème[1]. » Pas une question ne restait sans réponse, pas un marin ne se privait des ressources d'une intelligence collective spontanée, mieux qu'une IA. Un partage d'expérience unique. Je trouve cette entraide incroyable. Un truc à vous faire aimer la voile, sans rien gâcher de la sportivité, ni de la compétition.

Pendant la préparation, nous avions beau être des concurrents sur le ponton, une fois le départ donné, les règles changeaient. La solidarité prenait sa place dans l'épreuve. Sur l'eau, pas un marin aurait souhaité que son adversaire ne termine pas sa course. L'équipée d'un Vendée Globe est un moment si puissant à vivre, qu'il est impossible de souhaiter à son adversaire de devoir affaler et abandonner, même si cela fait un concurrent de moins.

---

1. Extrait du célèbre dialogue entre l'astronaute de la mission *Apollo 13*, Jack Swigert, et le centre de contrôle de mission de la NASA.

Don contre don

Savoir donner est aussi délicat que savoir recevoir. Ce type d'échange, souvent familial, comme lors de la période des fêtes de Noël, en est un bon exemple. Les dons contribuent à l'instauration de relations durables, au respect d'une forme de réciprocité entre les participants. La restitution de ce qui a été reçu, donné, selon une valeur estimée à la discrétion de chacun, permet alors d'établir et de conserver un équilibre, une bonne entente. Je te donne, tu me donnes, mais tu ne me tiens pas par la barbichette, personne n'ayant envie de recevoir une tapette dès que le premier rira.

« Plaisir d'offrir, joie de recevoir », annonce le slogan commercialement inspiré par l'importance du don dans les relations humaines. J'en ai encore fait l'expérience il y a peu, à l'occasion de la mise à l'eau de La Mie Câline, quelques mois avant l'édition 2024-2025 du Vendée Globe. Les travaux d'hiver étaient enfin terminés et toute l'équipe avait hâte de remonter le bateau amélioré et repeint, totalement révisé. Nous étions un peu fébriles. L'opération est délicate et personne n'est à l'abri d'un accident.

Le matin, nous avions installé avec une grue l'IMOCA sur une remorque spéciale, sans les foils. Le transport à travers la ville jusqu'au port de commerce des Sables-d'Olonne s'était bien passé. Nous étions en avance sur le planning et, ma foi, pas mécontents de nous. Un équipage de marins-pêcheurs de Lorient nous avait donné un coup de main. Après un mois en mer, ils faisaient escale aux Sables. Ils étaient simples, spontanés : si tout le monde pouvait être aussi naturel, les rapports humains seraient plus faciles.

L'un d'entre eux me connaissait indirectement. De passage à Lorient, tandis qu'il était en mer, j'avais fait visiter le bateau à son fils. Le gamin le lui avait raconté et il s'en était souvenu. En plus du large, nous avions un autre point commun, la leucémie. Lui aussi avait été touché mais il était en train d'en guérir. Je lui trouvais un sacré courage de prendre sa place sur le pont pour une marée d'un mois, en rémission. Cela lui semblait normal. Comme de m'offrir, sans que je puisse rien dire, un peu de sa pêche, pour me remercier de la visite faite à son fils : deux magnifiques soles pour les enfants, un bar à partager avec Marie et d'autres merveilles délicieuses, seiches, araignées.

De la vie, de la fraternité. Don contre don.

Cinquième partie

Terre ! Droit devant[1] !

1. Cri poussé par la vigie d'une des caravelles de l'expédition de Christophe Colomb, La Pinta, lors de la découverte du Nouveau Monde, le 12 octobre 1492.

Magique arrivée

Les arrivées sont des fêtes et celles du Vendée Globe sont de belle ampleur. Elles concentrent en un temps très court, que je vois à peine passer, l'intensité des jours vécus sur l'eau. La première fois, lors de l'édition 2008-2009, j'appréhendais ce retour. Je me doutais que les trois mois de mer en solitaire ne se laisseraient pas faire, que j'allais vivre des montagnes russes à me retourner les méninges. On ne passe pas impunément d'un bateau où l'on est seul maître à bord en compagnie de poissons, parfois volants, à la terre ferme où une foule vous attend.

Il y a d'abord les premiers navires suiveurs. À chaque fois, je me laisse surprendre. Des jours durant, l'horizon a été mon seul compagnon et, d'un coup, me voilà entouré de voiliers, de zodiacs, toutes sortes de bateaux joyeux en état de faire un bout de chemin à mes côtés avant que je n'emprunte le chenal des Sables-d'Olonne. Les visages, tout sourire, me hèlent au loin. J'aperçois des têtes familières, des inconnus, on me salue, on m'interpelle, je réponds, je me sens gagné par une fièvre qui ne va plus me quitter.

Le temps est clair, il y a du monde. Le temps est gris, couvert, il pleut, il y a du monde. Les jours d'arrivée, la météo n'est pas un sujet aux Sables-d'Olonne. En 2009, mon pote Lulu m'avait demandé de passer à la proue et de faire l'oiseau. J'y étais allé et j'avais fait l'albatros. J'amusais la galerie, je me mettais au diapason, avec plaisir, progressivement gagné par l'excitation. Je voyais mes parents sur une vedette de presse, à quelques encablures de ma route, tous mes amis d'Arcachon, une sacrée bande de joyeux lurons, dont le regretté Éric Mallet, qui avait couru la Coupe de l'America avec le baron Bich. Il m'avait souvent emmené naviguer sur son magnifique voilier. Je pense régulièrement à lui.

Dans le chenal, plus de bateaux suiveurs, mais une incroyable foule de part et d'autre. À ce propos, le protocole des organisateurs est formel, le marin doit être à l'avant de son bateau. Il peut tenir à la main un fumigène allumé ou s'en passer, s'il le souhaite. C'est une arrivée en musique sur un morceau choisi. En 2013[1], après 91 jours, 2 heures, 9 minutes et 2 secondes en mer, je m'étais pavané en James Bond sur la musique jazzy du générique du film. J'adore les James Bond et c'était la septième édition de la course. Rien de plus bizarre que de se retrouver en smoking sur un bateau où vous avez passé trois mois dans le vent et les embruns. Mais j'ai adoré ce moment. Je me voyais déjà repartir quatre ans plus tard, pour la prochaine course.

Sur le ponton, l'équipe technique s'occupe d'amarrer le bateau. Je mets pied à terre. C'est l'euphorie. Nous immortalisons la scène. Le temps s'accélère. Je me retrouve dans une salle avec mes proches pour un repas dans l'intimité familiale. Je peux commander ce que je veux ; poisson grillé,

1. Mon deuxième tour du monde, mon deuxième Vendée Globe, pour une huitième place.

légumes, frites, et du saucisson. Sans comprendre ce qui t'arrive, la presse est déjà en train de commenter le menu, ce que tu manges, ce que tu as eu envie de commander après la « cuisine » de la course.

C'est l'heure de la conférence de presse. Un grand barbu me pose une question, le navigateur Jean-Luc Van Den Heede, devenu journaliste : « Arnaud, tu n'en as pas marre de faire le tour du monde à l'endroit ? Tu n'aurais pas envie de le faire à l'envers ? » Depuis, cette histoire me trotte dans la tête. J'entends une autre question. Yannick me taquine, le gagnant de la course. Dans ma tête, je suis encore en mer quand je réponds. Complètement azimuté est mon état général durant cette journée. Pour un peu, j'en oublierais de me changer. Un jour, je suis même arrivé à la soirée de gala, avec tous les officiels sur leur trente et un, les bottes aux pieds. Je n'avais pas eu le temps de les enlever et je n'y avais pas pensé.

Puis la journée me débarque à l'improviste à la fête du soir. Des accolades, des embrassades, des sourires, de la chaleur humaine. On trinque à l'aventure et aux aventuriers. Dans le monde de la voile et de ses tours du monde, finir une course est tellement inouï que la célébration prend vite des allures de bacchanales, mais dans une dignité conforme aux coutumes des gens de la mer, jusqu'à ce qu'il y ait « du vent dans les voiles » et que chacun ait fait son lest de « château Cambuse ». Et si je suis un peu rougeaud, ce n'est pas à cause des tournées, je n'ai juste plus l'habitude d'avoir chaud.

Le lendemain – je ne dirais pas après une bonne nuit –, je me suis réveillé quasiment toutes les heures. Trop confortable, trop stable, le lit, le bateau a forcément un problème, j'ai sûrement percuté un OFNI[2] ou entendu sonner une alarme collision imaginaire –, je prends une douche et je m'habille. Le cran de la ceinture n'est plus le même. J'ai perdu du poids. Je sais que je vais mettre trois semaines voire un mois environ à m'en remettre.

Dans la cuisine, le réfrigérateur est plein. Je reste la main sur la porte ouverte un peu bouche bée. On n'imagine pas l'effet d'un frigidaire avec des yaourts frais, du beurre, du fromage, oh, il y a même un camembert et de la salade, des œufs, du lard et encore du saucisson, oh la vache, j'en salive de voir toutes ces merveilles. Je n'exagère pas, le spectacle est ahurissant. Quelle abondance !

Dehors, le ponton est désert, l'IMOCA n'a pas bougé. Bientôt il sera sorti de l'eau, démonté et entièrement révisé. Je me sens triste. J'ai la nostalgie du large. Le public est parti. Je pense à tous ces gens venus me saluer, à la joie que j'ai reçue. J'ai une sacrée chance de leur inspirer de la sympathie. Malgré moi, j'appréhende la reprise du quotidien, je le sens à mes côtés, cherchant à reprendre ses droits. « Voilà, c'est fait, tu as terminé ce projet, bravo Arnaud, tu vas pouvoir te reposer. » Ils ne se doutent pas que le passage du cap Horn m'avait déjà inspiré la suite, l'envie d'une nouvelle course, un nouveau Vendée Globe.

---

2. Objet flottant non identifié.

Aussitôt reparti

Une arrivée de course à l'horizon enclenche toujours chez moi un étrange processus. Avant d'avoir accosté, je me mets à analyser les performances, celles du bateau, les miennes. À quel moment j'ai « merdé », quand j'aurais pu aller plus vite. Je débriefe avant l'heure, point par point : le navigateur, la navigation, le matériel. J'anticipe le bilan qui aura lieu à terre, parfois au restaurant ou sur la plage, ou autour d'un barbecue, quand il fait beau. Je ne suis pas formel. J'estime que partager un moment convivial en saluant ce qui vient d'être accompli, et qui a pu se faire grâce aux efforts de toute une équipe et de l'engagement des partenaires, c'est au moins aussi important que le point technique, l'état des lieux de la coque, des voiles, des systèmes informatiques, des blocs énergétiques, des panneaux solaires, etc. Certaines équipes ont une préférence pour les échanges à huis clos, les ambiances à secrets. Pourquoi pas, mais ce n'est pas mon truc. Entre la suspicion et la confiance, je ne tergiverse pas longtemps.

Une question de caractère, je crois.

Sur l'eau, pas loin de la ligne d'arrivée, les souvenirs des difficultés que j'ai dû affronter me rendent mélancolique. Rattrapé par une mémoire nostalgique, j'ai beau jeu de me rappeler les moments où je me demandais ce que je faisais là, seul, au beau milieu de l'océan, trempé, dans le froid, cherchant à optimiser ma vitesse dans une mer en furie, au lieu d'être tranquillement installé devant un bon feu de cheminée à attendre que nous passions à table avec les enfants. J'oubliais que je n'avais pas de feu de cheminée à la maison et que les enfants devaient être appelés trois fois de suite avant de venir à table en bougonnant. Et que j'adore naviguer en haute mer.

Aux abords de la côte, malgré les complications, la fatigue, les déceptions – il y en a toujours, que l'on ait atteint ses objectifs ou non –, engendrées par la compétition, à chaque arrivée s'arme chez moi une envie, un désir que je reconnais bien pour l'avoir déjà senti grandir à mesure que le ponton se rapproche et que s'évanouit le souvenir des misères de la course. « Si c'était facile, on le saurait, merde ! » m'avait dit un jour J.-C.[1], à l'arrivée de mon quatrième Vendée Globe, en 2020-2021. Je devais avoir une mine de papier mâché. Il n'empêche, bien que parfaitement au courant de ce que représente une course pareille : investissement, détermination, énergie ; une fois un pied à terre, impossible de retenir mes pensées. Je les vois filer toutes dans la même direction sans rien demander à personne. Ce sont des poissons sortis de l'eau, impatients d'y retourner le plus vite possible, pour un nouveau tour du monde.

1. Jean-Christophe Caso, *boat captain*.

Un coup de mou

Oui, ça arrive, le moral dans les chaussettes. Je ne suis pas un surhomme du tout. Étrangement, si la course s'est mal passée, c'est à quai que le spleen me rattrape, rarement en mer. Au pire, sur l'eau, après un coup dur, je relativise ma déception en profitant du spectacle, de la vélocité du bateau au milieu des vagues, d'être là, à la manœuvre, toujours en course. Je ne suis pas pressé d'être à terre pour analyser dans le détail les raisons qui ont ouvert une voie d'eau à mes espoirs de victoire, satanée voile déchirée, maudit vérin hydraulique desserré. Je pense au naufrage de mes objectifs de départ, funeste erreur de routage. Je sais que la digestion ne se fera pas sans peine.

En attendant d'arriver à bon port, la mer me console et me prépare à la suite. Choix tactique, optimisation des réglages, évaluation des forces et des faiblesses du matériel, préparation physique, la revue bat son plein. Je pense aux améliorations du cockpit, au petit coussin installé pour être un peu moins minimaliste que d'habitude. Par forte mer, je continuerais à faire des sauts comme une crêpe que l'on retourne dans sa couchette mais en plus agréable. Je suis encore loin de faire risette, mais déjà s'amorce le processus de réparation qui ira crescendo dès que j'aurais mis un pied à terre.

Les arrivées ne sont pas toutes triomphales. Même s'il y a cependant un point commun entre le premier et le dernier participant : après un long séjour en mer, les deux sont bien heureux de fouler le plancher des vaches. Certes, le dernier à la mine un peu plus déconfite que le premier, mais la joie du retour l'emporte sur la mauvaise humeur. Sur le ponton, même quand les performances ne sont pas au rendez-vous, l'accueil ne manque jamais de chaleur. Des organisateurs, aux partenaires, à la famille, tous font la fête au nouveau venu. Le protocole d'arrivée déroule son programme, un coup à boire, les marins ont soif, c'est bien connu, la photo officielle et le recueil de la parole du héros par une presse dûment mandatée. Est-ce que le coup de mou se voit tant que ça ?

Santé camarade !

L'usage est plutôt de raconter les bonnes aventures davantage que les mauvaises, d'envoyer des photos de soi perché en haute d'un mât. L'usage est de sourire de toutes ses dents alors que l'on vient de rater sa course et que l'on ne sait plus où on habite. Le sujet appelle quelques réserves. Je n'oublie pas que l'essence de mon projet est de le partager, tant que ce qui est dit est vrai, je trouve ça joyeux de le faire. Parce que le mot d'ordre des communicants et des professionnels de la poudre aux yeux est plutôt de faire rêver à peu de frais en misant sur l'ignorance. Plus loin, plus vite, plus extrême, oubliez que l'histoire que vous avez eu envie de partager est aussi celle de ces moments de doute. Souriez, vous êtes filmé. Inutile d'entrer dans les détails, l'image d'Épinal du skipper affrontant seul les océans suffit. La plupart des gens préfèrent les raccourcis au voyage, croient ces champions du chromo. La promiscuité de la réalité pourrait devenir gênante ou contre-productive. Ah bon, ils ont des coups de mou, les marins du Vendée Globe ?

Mais non, cul sec les amis !

Je ne suis pas d'accord avec cette version. Je préfère ne pas me priver des émotions du stress. Quand rien ne marche, que le sommeil fractionné vous a raboté l'énergie, que votre entourage doute, que le bureau des plaintes n'en finit plus de faire salle comble et que vous êtes bien loin des arrivées extraordinaires dont vous aviez rêvé, l'important est de préserver l'esprit du projet. Il suffit de se rappeler qu'une famille de cœur s'est greffée à lui, par affinités, pour le faire exister. Partenaires engagés, équipiers motivés et toute la famille, inconditionnel soutien, tous à vos côtés.

Lorsque j'ai le moral en berne, je n'hésite pas à faire mon Calimero, je vais m'acheter une pizza, des bonbons, des conneries régressives qui me font plaisir sur le moment, et je passe la soirée en chaussons sans penser à rien, réchauffé des soutiens qui m'ont permis de vivre ces incroyables courses. Le lendemain, je suis prêt à affronter les défis d'un nouveau départ, à me battre pour être sur l'eau et transmettre la jubilation de ce sport inspirant auquel je consacre ma vie, avec tous les amateurs d'aventure, dans leur canapé, devant leur écran, sur le ponton ou sur un bateau, pour les plus passionnés d'entre eux qui suivent les départs des voiliers, avec tous les curieux de la mer sans exception, où qu'ils se trouvent.

Mais il faut tout de même se méfier des types qui ont fait le cap Horn, un mois avant de jouer une partie de squash.

Le défi m'avait été lancé par le directeur commercial d'un partenaire lors de l'édition du Vendée Globe 2012-2013. « À ton retour, je suis prêt à parier que je te bats au squash ! »

Erreur tactique. Pari perdu.

À sa décharge, mon adversaire ne pouvait pas savoir que les marins du Vendée Globe, souvent, bénéficient les premiers jours de leur arrivée d'un regain d'énergie inattendu, avant de ressentir un épuisement profond.

Sur le terrain, j'étais à la fois épuisé tout en étant encore dans la course, prêt à me mobiliser, presque en pleine forme et surtout porté par la joie d'avoir réussi un nouveau tour du monde en solitaire. Je jouais pleine balle.

Il ne s'attendait pas à un match si intense.

Supermarché et cinéma

Traîner au Leclerc des Sables-d'Olonne, après trois mois de mer en solitaire, est un plaisir dont je ne me lasse jamais. Au milieu des rayons, je me balade paisiblement, un panier vide à la main, béat de contentement. On ne soupçonne pas l'effet de la solitude a posteriori sur les tâches du quotidien, comme les courses au supermarché. Le temps d'après-navigation n'est pas réglé sur la même fréquence que celui des habitudes à terre. Quand il n'est pas une obligation répétitive, le fastidieux peut être une surprenante source d'émerveillement. Tant de monde, tant d'abondance, à chaque fois j'en suis étourdi.

Il y a de tout là-bas, des outils de jardin, des meubles pour la maison, des livres, des ordinateurs, des rasoirs électriques, un atelier de boucherie pour des saucisses sur-mesure, une cave à vin incroyable. La liste est longue, le lieu est vaste et je serais bien incapable de citer tout ce que l'on y trouve, toutes les merveilles qui m'ont manqué lorsque j'étais en mer. Après la privation, imaginer que l'on dispose chez soi d'une sorte de valise réfrigérée où mettre ses courses paraît incroyable.

Et c'est réconfortant de retrouver son lit, sa couette, son confort et ses petites routines au supermarché.

Rien à voir avec une consommation déréglée ou une fascination pour les galeries marchandes, j'évoque juste un sentiment de satiété de savoir que se trouve à portée de main tout ce qu'il faut pour cuisinier un bon repas. À bord, il n'y a pas de réfrigérateur où piocher de quoi manger, il n'y a que des rations journalières, les sachets du jour et ceux du lendemain, à n'ouvrir qu'au moment idoine, sous peine de se retrouver à court de nourriture, car les rations sont préparées et au plus léger, pour ne pas alourdir le chargement du bateau.

En cela, il est violent, le retour à terre.

À l'arrêt devant le rayon des nouilles chinoises, une gourmandise quand je navigue au large, l'équivalent d'un bloc de foie gras pendant les fêtes de Noël, je repense à la parenthèse des trois mois du Vendée Globe : un temps suspendu où les enjeux de la course se mêlent à des moments uniques, éblouis par l'horizon de la mer. Mais pour avoir la chance de vivre cette aventure, une autre course est à affronter, dont le top départ est donné à peine ai-je posé le pied sur le ponton de l'arrivée. C'est une course au temps accéléré, faite d'interactions aussi nombreuses que celles-ci sont rares sur le bateau. Une fois rentré, le contre-la-montre pour préparer la compétition à venir ne laisse guère de répit. Messages divers, projets à mener, partenaires à voir, agenda chargé de rendez-vous, une roue se lance avec une échéance à tenir si je souhaite larguer à nouveau les amarres.

Alors pour me détendre, je vais au supermarché ou au cinéma. Qu'est-ce que c'est bon de s'installer au cinéma avec une boîte de pop-corn dans une salle confortable et de s'endormir devant un film avec vos fils qui se moquent gentiment de vous, parce que vous ne pouvez pas vous empêcher de fermer les yeux, enfin au calme, la garde baissée, après des jours et des jours sur le qui-vive. Quel bien-être ! Bonheur d'être chez soi, de fêter Noël au mois de février, lors d'une session familiale de rattrapage, en laissant les habitudes d'une vie « normale », tout entière consacrée à la mer et à ses navigations, reprendre leur cours.

Le hangar

Installé aux Sables-d'Olonne, le hangar du bateau est un lieu à l'image de mon activité, multidimensionnel. À la fois local technique de révision et de réparation, lieu de stockage du matériel (outils, garde mât, voiles, etc.), bureau et salle des fêtes, restaurant et lieu d'accueil des partenaires, voire salle de conférences, hivernage, mise à l'eau, le hangar est tout cela en même temps et à des moments différents. C'est un lieu de vie qui me représente, capable de s'adapter aux besoins du projet. De même que je passe d'un rôle de skipper à celui de chef de projet, du rôle de chef d'entreprise à celui de marin, le hangar mue et se transforme toute l'année. Il est telle une grande armoire de famille, où tout se range au même endroit : les innovations, la comptabilité, les débriefings, les contrats avec les partenaires, afin que tout reste toujours disponible. Il est un espace de vie multifonction.

Sur un atelier improvisé, un ami bricole une maquette de trimaran. Dans un coin, les nouvelles voiles attendent d'être installées. La vie de ce hangar me rappelle la complexité du projet de la mise à l'eau d'un IMOCA, tous les efforts que nous faisons pour préparer le bateau, qu'il puisse prendre le départ du maximum de courses. Quel chemin pour y arriver ! Que de variables à suivre, le budget de fonctionnement, les modalités de paiement, les règlements en retard, les contrats qui avancent, ceux à sortir de l'ornière ou à honorer, les nouveaux partenariats à intégrer, les compromis à trouver. Jamais, au grand jamais, il ne faut lâcher. Opiniâtre est mon second prénom.

Le départ du Vendée Globe 2024-2025 n'est pas encore donné ? Pas grave, 2028-2029 s'annonce déjà. Vais-je vendre le bateau dans un an et demi ? Quel nouveau IMOCA vais-je pouvoir acheter ? Je dois être opportuniste, à l'affût des occasions et rester agile. Faire vivre un projet sportif implique de l'animer à tous les instants, week-ends inclus. Ce sont les moments où les partenaires, qui aiment l'esprit de convivialité du hangar, l'art de faire les choses sérieusement sans se prendre au sérieux, me sollicitent pour organiser des rencontres, donner des explications sur ce qui a été fait pendant l'hiver ou annoncer le programme des futures courses.

Ce n'est pas évident pour la vie privée, mais on s'adapte de bonne grâce. Parfois, la fatigue se fait sentir. Le club de tennis a organisé une soirée de gala ? Bien sûr que je viendrai, par amitié. La mairie me sollicite pour une inauguration ? Aucune raison de ne pas participer. Je réponds oui et l'agenda se remplit à toute vitesse. Au bout du compte, je suis rarement en civil, portant lors d'événements publics les vêtements estampillés des logos de mes partenaires, que je me dois de représenter. C'est pourquoi, lorsque j'arrive le matin au hangar, j'ai l'impression d'entrer dans une arène où m'attend un nombre incalculable de décisions à prendre et de choses à faire.

Ave Neptune, navigaturi te salutant.

Croyez-moi, être Vendée-globiste n'est pas une sinécure.

Vendée-globiste

Le dilemme est shakespearien. Un Vendée-globiste est-il un cap-hornier ou seulement un Vendée-globiste, malgré les trois caps franchis dont le Horn ? Peut-on appartenir aux deux légendes sans avoir le sentiment d'usurper cet honneur, né à une époque où le franchissement du Cap se payait souvent en vies humaines ? Les voiliers au long cours passaient plusieurs mois en mer dans des conditions éprouvantes avant de franchir le passage séparant l'océan Pacifique de l'océan Atlantique. Dans le détroit de Drake, par 55° 58' Sud et 67° 17' Ouest, calé entre l'Amérique du Sud et l'Antarctique, les vagues « normales » ont des allures dantesques. Elles peuvent se creuser à des hauteurs effrayantes lorsque le vent souffle à l'est ou, plus à l'ouest, laisser place à la compagnie d'invités scélérats, murs d'eau surgissant à l'improviste devant les navires malmenés. Les grands voiliers de charge ayant disparu avec leurs derniers capitaines, le dilemme du Vendée-globiste-cap-hornier est néanmoins resté le même.

J'ai franchi à quatre reprises le Horn et je ne me suis jamais senti dans la peau d'un cap-hornier, autorisé à revendiquer leur légende en m'accrochant un anneau d'or à l'oreille gauche, en souvenir du cap des Tempêtes laissés à bâbord. Pas plus que je n'ai cru que je pouvais pisser ou cracher au vent sans dommage. Je le sais, je l'ai tenté une fois en hommage à la coutume et je peux vous dire que, même si les crocs de la falaise du cap Horn étaient pourtant bien derrière moi, je m'en suis mis absolument partout.

Ils ont dû bien rigoler les cap-horniers d'antan, en voyant ça.

Encore une raison de me baptiser sans hésitation Vendée-globiste. Au quatrième tour du monde, je crois que j'ai gagné ce droit. J'ai bien été ministe après mes deux Mini-Transat et figariste après la solitaire du Figaro. Quand je naviguais avec Olivier de Kersauson, il me reprenait pour s'amuser : « Arrête de régler tes voiles comme un figariste. » Je lui répondais que je prenais ça pour un compliment, et nous rigolions.

Une blague typique de Vendée-globiste.

Est-ce bien raisonnable ?

La question m'est souvent posée, pourquoi préparer un cinquième Vendée Globe ? Qu'est-ce qui me motive ? J'ai en tête le souvenir de la remontée du chenal de ma première édition, celle de 2008-2009, en compagnie d'un zodiac où des amis à bord chantaient à tue-tête, « Et un, et deux, et trois Vendée ! » Une boutade joyeuse et entraînante qui me réjouissait. Je revois la lampe-monde, à mon chevet de gamin, que je tournais le soir en regardant les pays défiler sur l'axe de ce globe terrestre lumineux. Incroyable toute cette surface bleue. Il y avait *Le Tour du monde en quatre-vingts jours* de Jules Verne, et la magie de celui en bateau, qui m'appelait déjà, car un tour du monde à la voile relève de l'enchantement. Moments vraiment magiques. À mille miles de toute terre, sur l'eau, la réalité du monde vous est montrée d'une façon unique.

D'accord, mais pourquoi un cinquième Vendée Globe ? La performance visée serait-elle d'inscrire mon nom dans une liste de records mondiaux, devenir le seul marin à avoir couru et terminé successivement quatre Vendée Globe et, dans la foulée, pris de nouveau le départ de la même course, la plus emblématique du monde de la voile, l'Everest des mers ? Roulements de tambour, torse bombé et remise de médaille ? Même pas. Mon côté Arcacho-vendéen-tendance-breton me préserve de ces mirages honorifiques. Rien de mieux qu'un bon vent d'ouest pour vous remettre les idées en place, et une femme normande ! J'en ai la preuve. Je sais pourquoi je vais concourir à ce cinquième opus du Vendée.

Cela remonte à 2016, au moment où La Mie Câline devenait un nouveau partenaire de mon projet. Comme je crois au coup du sort et au hasard heureux, l'acquisition de l'IMOCA de Samantha Davies à Initiatives-Cœur renforça ma conviction que de nouvelles ambitions sportives étaient à ma portée. Cette fois, je partais avec des foils et un bateau plus performant. Une étape était franchie. Sportivement, j'évoluais. Plus d'options à ma main. Ce changement enclencha une dynamique au sein de l'équipe, une émulation toujours active à ce jour. Dans le sillage des impulsions données par le chef d'orchestre, chacun jouait de son instrument. Une question de tempo et de cap. Si le navigateur tenait ses promesses, on finirait par entendre de la musique et cela donnerait envie de continuer. Un bateau de course, cela se règle, de course en course, jusqu'au moment où vous pouvez en tirer le meilleur comme un cavalier de son cheval.

Pardon du carambolage entre la musique et l'équitation, mais la voile a l'habitude de faire feu de tout vent. C'est dans sa nature. De même, il est dans le tempérament du Vendée Globe de séduire les marins, de les pousser à vivre cette équipée, parce qu'il n'y a rien de mieux qu'un tour du monde, une éclate totale. Peu importe le nombre d'éditions que vous faites. Faire un Vendée Globe devrait être obligatoire !

Équitation

Les commentateurs aiment les comparaisons entre les sportifs et les sports. Pendant longtemps, interrogé à ce sujet par des journalistes, j'ai cité le Paris-Dakar comme étant la course d'un autre sport la plus proche de celle du Vendée Globe. Elles avaient d'après moi un point commun, ce sont des épreuves où les derniers arrivés sont aussi méritants que les autres concurrents, presque plus je dirais, car les derniers ont dû affronter encore plus de difficultés pour atteindre la ligne d'arrivée, d'où leur retard.

L'analogie avait beau s'arrêter là, l'opposition engin à voile, engin mécanique revenait à chaque entretien. Les performances réitérées de vitesse des IMOCA et des ULTIM, ces trimarans géants, y étaient pour beaucoup, les principales courses à la voile étant considérées comme des Grands Prix du Championnat du monde de F1. Des solitaires au lieu de monoplaces, du pareil au même. Malgré eux, les skippers sont comparés à des pilotes de Formule 1, l'équipe de leur voilier à celle d'une écurie de F1, avec un directeur général, un directeur technique, un directeur sportif, des directeurs partout. Seuls comptent la vitesse et le résultat, *Fast and*

Furious[1] plutôt que *Au cœur des océans*[2]. Le grand barnum de la gagne contre l'expertise de l'artisanat.

Je ne me retrouve pas dans ces comparaisons. Elles manquent de précision ou de poésie. Le sillage d'un voilier n'est pas celui d'une voiture. Les énergies consommées n'ont pas les mêmes empreintes. Ce ne sont pas les mêmes aventures. Des évidences que tous semblent oublier. Le sport mécanique ne dit rien du lien charnel entre le marin et son voilier, maîtresse à l'âme aventureuse, qualifiée au féminin par les Anglais, ces éternels navigateurs. Un bateau n'est jamais anonyme. Il y a de l'affect à son bord. Je ne pourrais pas accepter de changer de bâtiment, quand bien même l'on me proposerait le plus performant d'entre eux, tant que je n'aurais pas le sentiment d'être allé au bout de l'histoire avec le mien.

D'un autre côté, filer la métaphore auprès d'un journaliste sur l'âme des navires à la place du Paris-Dakar est périlleux. Je ne pouvais pas non plus déclarer sérieusement que je parlais à mon bateau en mer, que je le considérais comme une personne à part entière, et qu'il me répondait. Parce que, en cas d'erreurs, lorsque je le malmène, les avaries sont un juste retour des choses, sa manière à lui de me dire : « Oh, hé, mollo ! » Comment expliquer, sans passer pour un illuminé, que je suis les réparations de chaque pièce, aussi attentif que si un membre de la famille s'était cassé un bras ? Et oui, lorsque je le mets à l'eau après les travaux d'hiver, je l'entends se réjouir. Les clapotis de mer lui chatouillent la coque. J'ai l'impression qu'il me remercie de l'avoir remis dans son élément.

---

1. Série de films d'action autour de l'univers des courses de voitures.

2. Film réalisé par Ron Howard et sorti en 2015.

Est-ce grave docteur ?

C'est en bavardant avec Grégoire, le frère de ma femme, un cavalier, que le lien avec les écuries de la F1 et l'équitation s'est fait. Sachant le frère passionné (et champion) de sauts d'obstacles depuis son plus jeune âge, autant que la sœur l'est de la mer (à l'un fut donné le goût des chevaux, à l'autre, celui des embruns), j'aurais dû m'en douter. Il m'a fallu quatre Vendée Globe pour percevoir l'analogie et remplacer les voitures de course des Grands Prix par l'équitation. Je dois être un peu lent.

Les équivalences se sont imposées en discutant.

Un bateau est comme un cheval, il faut s'en occuper jour et nuit, le monter régulièrement, pour mieux faire connaissance, et l'inscrire à des compétitions, afin de progresser mutuellement. On aime un cheval comme on aime un bateau, autrement, gare au refus d'obstacles. L'harmonie du triptyque cheval-cavalier-obstacle est la même que celle du bateau-skipper-océan, essentielle aux sensations et à la réussite de l'appareillage. Comme un cheval bien entraîné, un bateau réglé au plus juste et filant à pleine vitesse se régale de ses performances, comme s'il s'amusait à effleurer la mer d'un trait d'écume. En ce sens, il est aussi mystérieux dans ses réactions qu'un cheval. Sa maîtrise n'est jamais totale.

C'est un marin de plus de trente ans d'expérience qui en atteste.

Élysée for ever

« Ici l'Élysée. » Mais oui, bien sûr. Je pensais à une blague. Mais non, ce n'était pas mon pote Lulu. L'Élysée souhaitait vraiment inviter les skippers du Vendée Globe de l'édition 2012-2013 pour une cérémonie d'hommage, avec famille et proches. Dix invités par marin. Un honneur qui ne se refuse pas, l'occasion d'une virée « à la capitale ».

La veille, nous nous étions retrouvés pour dîner dans un restaurant de la rue des Canettes, à côté du café de la Mairie, l'unique bistrot donnant sur la place Saint-Sulpice, là où sont visibles trois œuvres de Delacroix dans l'église du même nom, dont une fresque au plafond, un *Saint Michel terrassant le dragon*. J'avais un peu lu les informations touristiques avant de venir mais je ne pourrais pas vraiment en dire plus sur les écrivains germanopratins venus boire un coup au café ou sur les œuvres du peintre de *La Liberté guidant le peuple* ; l'appel de la pizza ayant été plus fort. Ce soir-là, j'avais surtout terrassé mon assiette.

Le lendemain, Lulu avait trouvé amusant de partir tous en direction de l'Élysée dans une énorme limousine blanche. Mon père, souhaitant rester dans le ton de ce voyage tout en grandiloquence potache, la cérémonie passée, nous offrit un verre au *Bristol*, un hôtel de luxe où était logé à l'époque par le Paris-Saint-Germain le footballeur David Beckham. Un traitement bien éloigné de celui réservé aux marins. D'ailleurs, les Vendée Globe suivants, nous ne fûmes plus invités à l'Élysée. Notre présence ne devait pas être assez rentable médiatiquement. La limousine blanche n'avait pas suffi.

Voilà, voilà

Il était une fois est une phrase atypique, passée à la postérité comme le plus sûr moyen d'introduire le merveilleux aux premiers mots d'un conte. *Il était une fois* donc, un présentatif diraient les linguistes, au même titre que *voilà*, un autre présentatif – j'avoue que j'ignorais ce que c'était avant de regarder en ligne. En revanche, je sais que je l'utilise souvent à la fin de mes histoires, pour les conclure, avec le naïf dessein de les laisser suspendues à ce pointillé verbal, en attente d'une suite. Car je n'aime pas que l'aventure s'arrête à l'arrivée des courses.

Alors *voilà, voilà* n'est pas un point final mais un point à suivre, pour que l'avenir enchante nos jours et que le grand large continue à nous charmer.

Et « que le Grand Cric me croque[1] » si je manque à l'appel, nom d'un Haddock ou d'un Boissières !

---

1. Exclamation de l'ancêtre du capitaine Haddock dans l'album d'Hergé, *Le Secret de la licorne*.

Glossaire

AIS (Automatic Identification System) : système d'identification automatique permettant aux bateaux de se signaler les uns aux autres et aux stations côtières, réduisant ainsi les risques de collision.

Amure : côté du bateau d'où vient le vent. On parle d'amure bâbord ou tribord selon la direction du vent.

Anémomètre : instrument de mesure de la vitesse et de la direction du vent.

Autopilote : système électronique qui permet de maintenir le cap du bateau sans intervention humaine.

Bâbord : côté gauche du bateau quand on regarde vers l'avant.

Balise EPIRB (Emergency Position Indicating Radio Beacon) : dispositif de sécurité qui, en cas d'urgence, envoie un signal de détresse aux satellites pour localiser le bateau.

Ballasts : réservoirs d'eau utilisés pour équilibrer le bateau et améliorer la stabilité.

Barre à roue : système de direction du bateau, constitué d'une roue reliée au safran par des câbles ou des systèmes hydrauliques.

Barre franche : levier direct attaché au safran pour diriger le bateau.

Bout dehors : tube carbone utilisée pour tenir le spinnaker ou le gennaker loin du bateau, augmentant ainsi l'efficacité des voiles d'avant par vent arrière.

Capot de descente : ouverture dans le pont permettant l'accès à l'intérieur du bateau.

Carène : partie immergée de la coque, formant le profil hydrodynamique du bateau.

Cartographie électronique : systèmes et logiciels permettant de visualiser la position du bateau et les informations de navigation sur des écrans électroniques.

Chaîne de mouillage : chaîne utilisée avec l'ancre pour assurer un meilleur maintien et réduire les mouvements du bateau au mouillage.

Chariot de grand-voile : dispositif permettant de régler latéralement la position de la bôme pour ajuster la forme de la grand-voile.

Class40 : classe de monocoques de 40 pieds, souvent considérée comme une catégorie d'entrée pour les courses océaniques avant de passer aux IMOCA.

Compas : instrument de navigation permettant de déterminer le cap du bateau.

Drisse : cordage utilisé pour hisser ou affaler les voiles.

Écoute : bout utilisé pour régler l'angle des voiles par rapport au vent.

Enrouleur de foc : système permettant d'enrouler le génois ou le foc autour de l'étai.

Étai de trinquette : câble supplémentaire situé entre le mât et un point fixe sur le pont.

Étai : câble tendu entre l'étrave et le haut du mât servant à maintenir le mât et le génois (appelé J2).

Foc / Solent : voile d'avant située devant le mât, plus petite que le génois, utilisée dans des conditions de vent plus fort.

Foils : appendices latéraux en forme d'aile fixés sur la coque, permettant de soulever le bateau au-dessus de l'eau et d'augmenter la vitesse en réduisant la traînée.

Gennaker : voile intermédiaire entre le génois et le spinnaker, utilisée principalement pour les allures portantes et travers.

Girouette : dispositif indiquant la direction du vent, généralement monté au sommet du mât.

Grand-voile : voile principale attachée au mât et à la bôme. Elle est généralement la plus grande voile du bateau.

Gréement : ensemble des mâts, voiles, câbles et cordages d'un bateau. Il comprend le gréement dormant (fixe) et le gréement courant (mobile).

GV (Grand Voile) à corne : grand-voile avec une latte en diagonale permettant d'avoir une voile carrée en tête et augmentant la surface.

Hélice rétractable : hélice qui peut être relevée ou abaissée dans l'eau, souvent utilisée pour réduire la traînée lorsqu'elle n'est pas nécessaire.

Hublot : fenêtre étanche située sur le pont ou sur les parois du bateau, permettant de voir à l'extérieur.

Hydrogénérateur : dispositif qui produit de l'électricité en utilisant l'énergie de l'eau en mouvement, permettant d'alimenter les instruments électroniques du bateau.

Jeu de voiles : ensemble des voiles disponibles sur le bateau, adaptées à différentes conditions de vent et de mer.

Lazy jack : système de cordages fixés au mât et à la bôme, aidant à guider et à ranger la grand-voile lors de l'affalage.

Loch : instrument mesurant la vitesse et la distance parcourue par le bateau à travers l'eau.

Loop : anneau en textile permettant de tenir les câbles sur le mât.

Mouillage : ensemble de l'ancre, de la chaîne et des câbles permettant de fixer le bateau en un point précis.

Pataras : câble tendu de la tête de mât à l'arrière du bateau, utilisé pour raidir le mât et améliorer la forme des voiles.

Plongée sous le vent : manœuvre consistant à faire abattre le bateau rapidement pour éviter un obstacle ou une situation dangereuse.

Polaires de vitesse : diagrammes indiquant les vitesses maximales du bateau en fonction des différentes allures et intensités de vent.

Poulie : roue avec une gorge sur son pourtour, utilisée pour guider et changer la direction des cordages.

Quille pendulaire : quille mobile qui peut être inclinée d'un côté à l'autre pour améliorer la stabilité et l'efficacité du bateau au près (contre le vent).

Safran : aileron placé à l'arrière du bateau permettant de diriger celui-ci.

Spi (Spinnaker) : grande voile légère en forme de ballon, utilisée lors des allures portantes (vent arrière).

Table à cartes : surface plane utilisée pour les travaux de navigation et la gestion des cartes marines.

Tourmentin : voile d'avant de petite taille et très résistante, utilisée par gros temps.

Tribord : côté droit du bateau quand on regarde vers l'avant.

VHF (Very High Frequency) : système de communication radio utilisé pour les communications à courte et moyenne distance en mer.

Volvo Ocean Race : course à la voile autour du monde en équipage, considérée comme l'une des plus difficiles au monde. Bien que différente du Vendée Globe, elle est souvent comparée en termes de défis.

Winch : treuil utilisé pour augmenter la force appliquée aux cordages, facilitant ainsi les manœuvres de réglage des voiles.

Table

Première partie
Un rêve à défendre

Deuxième partie
Un Vendée-globiste en mer

Troisième partie
« Houston, on a un problème ! »

Quatrième partie
Famille de terre, famille de mer

Cinquième partie
Terre ! Droit devant !

PAPIER CERTIFIÉ

Achevé d'imprimer par CPI BRODARD & TAUPIN
en août 2024
N° d'imprimeur : 3058278
Dépôt légal : août 2024

Imprimé en France.